Oetinger

Kirsten Boie, 1950 in Hamburg geboren, promovierte Literaturwissenschaftlerin, war einige Jahre als Lehrerin tätig, bevor 1985 ihr erstes Kinderbuch erschien und sich als grandioses Debüt erwies, nämlich »Paule ist ein Glücksgriff«. Heute ist sie eine der renommiertesten, vielseitigsten und engagiertesten deutschen Kinder- und Jugendbuchautorinnen. Kirsten Boie erhielt zahlreiche nationale und internationale Auszeichnungen und wurde mehrfach für den Hans-Christian-Andersen-Preis nominiert. 2007 wurde sie für ihr Gesamtwerk mit dem Sonderpreis des Deutschen Jugendliteraturpreises geehrt.

Silke Brix, 1951 in Schleswig-Holstein geboren, studierte an der Fachhochschule für Gestaltung in Hamburg und illustriert seit 1986 Bücher für Kinder. Aus ihrer kongenialen Zusammenarbeit mit Kirsten Boie sind bislang rund 50 Bücher entstanden. Dabei hat sie so beliebten Figuren wie dem kleinen Albert, der kecken Linnea, dem Schulkind Lena, Jan-Arne mit seinem Meerschweinchen King-Kong, Prinzessin Rosenblüte und dem »Glücksgriff« Paule ihr zumeist ziemlich pfiffiges Gesicht gegeben.

Kirsten Boie

Paule
ist ein Glücksgriff

Zeichnungen von Silke Brix

Verlag Friedrich Oetinger · Hamburg

Weitere Kinderbücher von Kirsten Boie (Auswahl)

Alles ganz wunderbar weihnachtlich
Der kleine Ritter Trenk
Jenny ist meistens schön friedlich
King-Kong. Allerhand und mehr
Lena. Allerhand und mehr
Linnea. Allerhand und mehr
Wir Kinder aus dem Möwenweg
Prinzessin Rosenblüte
Seeräubermoses
Verflixt – ein Nix!

© Verlag Friedrich Oetinger GmbH, Hamburg 2010
Alle Rechte vorbehalten
Einband und Illustrationen von Silke Brix
Reproduktion: Domino GmbH, Lübeck
Druck und Bindung: Westermann Druck Zwickau GmbH
Printed 2015
ISBN 978-3-7891-3175-2

www.kirsten-boie.de
www.oetinger.de

Inhalt

Manches ist bei Paule anders

Bei anderen Kindern ist alles ganz einfach. Sie wachsen bei einer Frau im Bauch und dann werden sie geboren und die Frau nimmt sie mit nach Hause und die ist dann auch ihre Mutter. Und wenn sie Glück haben, sind da meistens noch ein Vater und vielleicht auch Geschwister oder ganz vielleicht sogar ein Hund.

Bei Paule ist das alles anders.

Einen Hund hat er sowieso nicht, klar, obwohl er sich den nun wirklich schon lange genug gewünscht hat und ihn ganz bestimmt auch immer spazieren führen würde und füttern und einmal im Monat sogar abseifen, damit er nicht stinkt.

Und Geschwister hat er auch nicht, was nicht so schlimm ist, wie keinen Hund zu haben. Geschwister haben ist nämlich manchmal auch nicht so schön. Besonders ältere Schwestern oder Babys, das weiß Paule von Andreas, der hat beides.

Natürlich hat Paule Mama und Papa. Aber das ist es eben. Die sind auch nicht so wie bei anderen Kindern. Sie haben Paule aus einem Heim geholt, als er ganz winzig war, nicht aus Mamas Bauch.

»Du warst ein Glücksgriff«, sagt Papa, wenn er mit Paule Fußball spielt und eine Pause machen muss, weil er nicht mehr kann. »Stell dir vor, sie hätten uns einen Jungen gegeben, der nicht Fußball spielen mag!«

»Oder ein Mädchen«, sagt Paule.

Aber Papa mag Mädchen und sagt, es gibt auch welche, die Fußball spielen.

»Ein Mädchen holen wir uns auch noch mal irgendwann«, sagt Papa. »Aber erst mal einen Fußballer, darauf musste ich bestehen.«

Mit Papa ist also meistens alles in Ordnung.

Mit Mama eigentlich auch. Außer dass sie immer so aufpasst, dass Paule seine Hausaufgaben macht, und dass sie nicht will, dass er Schokolade isst, weil davon die Zähne schlecht werden, und dass sie nicht mag, wenn er zu viel Fernsehen guckt.

Aber das mag Andreas´ Mutter auch nicht, obwohl Andreas ja nun wirklich bei ihr im Bauch gewachsen ist. Daran kann es also nicht liegen.

»Mütter sind eben so«, sagt Andreas. »Da kannst du

nichts machen. Alle Sorten von
Müttern.«

Also meistens ist es Paule ziemlich egal,
aus welchem Bauch er gekommen ist, aber manchmal
eben auch nicht.

Manchmal würde er schon gern wissen, wie die Frau aussieht, in der er gewachsen ist.

»Wenn du noch ein bisschen älter bist, suchen wir sie
mal«, sagt Mama. »Wir wissen ja gar nicht, wo sie wohnt.«
Paule würde gern wissen, warum sie mit dem Suchen
nicht jetzt schon anfangen, aber so wichtig ist das nun
auch wieder nicht.

Natürlich war da auch noch ein erster Vater. Das war der
Mann, den die Frau lieb gehabt hat, in der Paule dann
später gewachsen ist. Das war ein Student aus Somalia,
hat Papa erzählt und ihm Somalia auf dem großen Globus
gezeigt, in dem leider schon seit längerer Zeit die Glüh-
birne kaputt ist. Somalia liegt in Afrika und deshalb ist
Paule so braun.

»Es ist ungerecht«, sagt Mama im Sommer
immer, wenn sie wieder zwei Stunden
dick eingeölt in der Sonne gelegen hat
und überall krebsrot aussieht. »Du
tust gar nichts und hast eine Haut

wie Apollo, und ich opfere Stunden meines Urlaubs, und alles, was herauskommt, ist eine abgepellte Nase.«

Paule weiß nicht, wer dieser Apollo ist, aber das mit Mamas Nase stimmt genau. Drei Tage lang kann sie sich kleine weiße Fetzen abzupfen, und das sieht wirklich nicht schön aus.

Leider ist Paules Familie ziemlich klein.

»Erzähl noch mal, wie ihr mich geholt habt«, sagt Paule manchmal, weil er die Geschichte ganz gut öfter hören kann.

»Wir waren schrecklich aufgeregt«, sagt Mama. »Wir sind ins Heim gefahren, und das hat furchtbar lange gedauert, weil alle Ampeln rot waren.«

»Und da war ich dann«, sagt Paule zufrieden.

»Genau«, sagt Mama. »Und du warst ganz winzig, gerade zwei Wochen alt.«

»Ungefähr so groß«, sagt Papa und zeigt mit Daumen und Zeigefinger einen Abstand, klein wie ein Radiergummi.

»Quatsch«, sagt Paule entschieden, »so klein war ich nie.«

»Dann vielleicht so«, sagt Papa und macht den Abstand zwischen Daumen und Zeigefinger etwas größer. »Oder so.«

»Und was hab ich gemacht?«, fragt Paule, nachdem die Frage der Größe geklärt ist.

»Nichts«, sagt Papa. »Geschlafen. Geschrien. Die Windeln vollgemacht. Aber das ordentlich.«

Paule kann sich schwer vorstellen, dass er so klein gewesen ist. Da kann man ja noch gar nichts anfangen mit einem Baby! Er jedenfalls würde sich seine Kinder immer erst holen, wenn sie schon größer sind. »Und dann habt ihr mich nach Hause gebracht«, sagt Paule.

»Genau«, sagt Mama. »Wir hatten noch gar nichts vorbereitet für dich, so plötzlich bist du gekommen.«

»Nur zehn Zentner Windeln«, sagt Papa. »Die brauchte man nämlich bei dir.«

Aber das will Paule gar nicht hören.

»Und dann sind Oma und Opa gekommen«, sagt Paule.

»Um dich anzugucken, klar«, sagt Mama.

»Und Opa hat gefragt, ist der in Schokolade gefallen?«, sagt Paule und muss lachen. Er kann sich genau vorstellen, wie Opa das gesagt hat, Opa macht immer so viel Quatsch.

»Und dann habt ihr alle Sekt getrunken«, sagt Paule zufrieden. »Um zu feiern, dass ich da war.«

»Stimmt«, sagt Papa. »Warum erzählst du dir die Geschichte nicht selbst, Paule, wo du sie sowieso auswendig weißt?«

»So ist schöner«, sagt Paule. »Und wann krieg ich nun einen Bruder?«

Zum Glück gibt es genug andere Kinder, da wo Paule wohnt. Am besten ist, dass gleich im Nebenhaus Andreas wohnt. Es macht viel mehr Spaß, Sachen mit einem Freund zu machen.

Andreas hat natürlich noch seine Geschwister, aber meistens spielt er lieber mit Paule. Britta ist nämlich schon elf und lernt sogar Englisch.

»One, two, three, four«, sagt Britta und hüpft auf dem Plattenweg auf einem Fuß, »wie schade, dass ihr noch kein Englisch könnt, sonst könnten wir uns mal unterhalten.«

»Können wir wohl, alte Ziege«, sagt Andreas. »Eins, zwei, drei, vier, das kann wohl jedes Baby!«

»Five, six, seven«, sagt Paule, damit Britta nicht denkt, nur Andreas kann Englisch. »Please, thank you, good morning!«

Aber Britta lächelt nur überlegen und hüpft weiter den Plattenweg entlang.

»Stand up, please, boys and girls, sit down!«, sagt sie. »Give me your pencil, please!«, und damit verschwindet sie um die Ecke.

»Eingebildete Kuh!«, ruft Paule.

»Angeber, Angeber!«, ruft Andreas.

Aber Britta ist schon verschwunden.

Natürlich ist sie nicht immer so. Manchmal machen sie auch alle was zusammen. Aber wenn dann Brittas Freundinnen kommen, tut sie so, als hätte sie nie mit Andreas und Paule gespielt.

»Man muss ja helfen auf die Kleinen aufzupassen«, sagt sie dann und geht kichernd mit ihren Freundinnen weg.

Das Baby hat Andreas noch nicht lange. Es ist auch ein Mädchen, aber das ist in dem Alter noch ganz egal. Es hat sowieso eine Glatze und kann nicht reden. Aber wenn Andreas kommt und sich über den Wagen beugt, lacht es.

»Aguuhh!«, sagt das Baby.

»Ja, ja«, sagt Andreas, »selber aguuhh, du kleine Wurzel!«

Das Baby heißt Bette. Und das sind sie dann auch schon, Andreas´ Schwestern.

Es gibt auch noch einen Viktor auf der anderen Straßenseite und gleich zwei Katrins. Und auf dem Spielplatz sind natürlich immer Kinder und in der Schule sowieso.

Es ist überhaupt ganz schön, da wo Paule wohnt, er möchte gar nicht woanders sein. Nur einen Bruder möchte er noch und bestimmt einen Hund.

Probleme wegen Gabriel

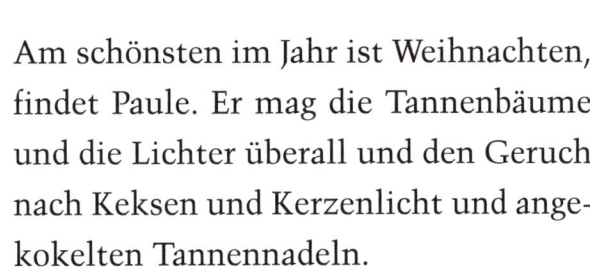

Am schönsten im Jahr ist Weihnachten, findet Paule. Er mag die Tannenbäume und die Lichter überall und den Geruch nach Keksen und Kerzenlicht und angekokelten Tannennadeln.

Natürlich auch die Geschenke und Weihnachtseinkäufe und die CDs mit Weihnachtsliedern, bei denen Papa immer sagt, er kriegt davon Kopfschmerzen.

Nein, Weihnachten ist hundertprozentig mit Abstand die beste Zeit im Jahr, da ist er sich mit Andreas einig.

Und in diesem Jahr passiert noch etwas besonders Gutes. Paule ist nämlich seit dem Sommer in der Schule, und genau am Montag nach dem ersten Advent sagt die Lehrerin, dass sie eine Überraschung hat.

»Wir wollen für eure Eltern und Geschwister ein Krippenspiel einüben«, sagt Frau Rübsam.

Die ganze Klasse soll mitspielen, man braucht so viele Hirten und Engel und Könige und einfach Leute, die das

Kind angucken kommen. Für jeden gibt es eine Rolle und alle müssen auch verkleidet sein.

Erst mal erzählt Frau Rübsam die Weihnachtsgeschichte, weil es natürlich Kinder gibt, die gar nicht wissen, was ein Krippenspiel ist. Sie erzählt, wie Maria und Josef abends durch diese kleine Stadt Bethlehem gezogen sind, Maria schon mit einem ganz dicken Bauch, weil sie bald ein Baby kriegen sollte. Aber absolut nichts war da, wo sie übernachten konnten.

»Kein Hotel?«, fragt ein Junge, der Olaf heißt und im Sommer in Spanien war. »Das glaub ich aber nicht!«

»Hotel, haha«, sagt Andreas leise zu Paule. »Damals gab es ja noch nicht mal Autos, sonst wären die doch nicht so blöd gewesen und auf einem Esel geritten!«

Denn das waren Maria und Josef tatsächlich, erzählt Frau Rübsam, und dass sie dann schließlich einen Stall für die Nacht gefunden hatten, und das Baby musste in einer Futterkrippe liegen. Aber dann kamen plötzlich von überall Engel und sangen, weil es ein ganz besonderes Baby war, und die Hirten von den Feldern kamen gelaufen; und sogar drei Könige von ganz weit her, wo es Morgenland heißt,

reisten an mit Geschenken für das Kind. Und alle standen um die Futterkrippe herum und freuten sich, weil dieses Baby später die Menschen erlösen sollte.

Paule kennt erlösen nur vom Fangenspielen, deshalb fragt er ganz leise Andreas, was das bedeutet.

Der zuckt die Achseln. »Keine Ahnung«, sagt Andreas. »Aber ziemlich viel Aufstand, bloß weil ein Baby angekommen ist, was? Bei Bette ist jedenfalls kein Engel aufgetaucht, und die ist auch ein ganz nettes Kind, finde ich.«

Paule denkt, dass es ganz richtig so ist. Schließlich haben sie auch Sekt getrunken, als er angekommen ist, wenn auch keine Engel da waren.

Diese ganze Geschichte sollen sie also den Eltern vorspielen, sagt Frau Rübsam. Nur für das Baby Jesus nehmen sie eine Puppe, die Kinder sollen morgen schon mal welche mitbringen, damit sie die schönste aussuchen können.

»Wir können Bette nehmen«, schlägt Andreas vor, aber Frau Rübsam ist dagegen. Und das ist auch gut so, denkt Paule, weil Bette immer nur schreit, und dann kann man nicht hören, wie die Engel singen und die Hirten anbeten und die Könige ihre Geschenke anpreisen.

»Nee, lass man«, sagt Paule deshalb auch. Sowieso werden jetzt die Rollen verteilt, und da muss Paule gut aufpassen, denn er weiß schon genau, wen er spielen möchte: den Engel Gabriel, der über dem Stall schwebt und »Siehe, siehe« sagt und ein ganz weißes Gewand anhat und goldene Flügel. Paule hat nämlich im letzten Jahr die Weihnachtsgeschichte im Fernsehen gesehen, und der Engel Gabriel hat ihm am besten gefallen, weil er so feierlich aussah.

Ein Glück, dass Paule nicht Maria oder Josef sein will, weil sich da alle Kinder drum streiten. Überhaupt alle Mädchen möchten Maria sein und fast alle Jungs Josef.

Als Nächstes kommen die Heiligen Drei Könige dran, es ist für Paule also noch nicht so wichtig. Aber da hört er plötzlich seinen Namen.

»Paul«, sagt Frau Rübsam, »möchtest du nicht den Kaspar spielen?« Und sie lächelt ihn aufmunternd an.

Kaspar war der Schwarze von den drei Königen, das hat Frau Rübsam ja eben erzählt. Aber Paule will kein schwarzer König sein, sondern Gabriel über dem Stall.

»Nein«, sagt Paule deshalb, »lieber den Engel Gabriel.«

»Den Engel Gabriel!«, brüllt da Viktor von gegenüber, den Paule sowieso nicht mag. »Der war doch kein Neger!«

Paule merkt, wie er innen drin ganz wütend wird.

»Paule soll Kaspar sein, oh ja, Paule soll Kaspar sein!«, rufen jetzt auch ein paar Mädchen.

»Will ich aber nicht!«, schreit Paule und knallt seine
Federtasche laut auf den Tisch.

»Paul«, sagt Frau Rübsam mahnend, »nicht gleich so hef-
tig!«

»Paule kann gar nicht der Engel sein, Frau Rübsam, Engel
sind ja immer weiß«, sagt Gesa wichtig.

»Engel sind auch blond!«, ruft Sarah dazwischen. Sarah
ist nämlich selber blond.

»Ja, Paul«, sagt Frau Rübsam, »ich weiß nicht recht …«

Aber Paule ist schon aufgesprungen. Er hasst sie alle, oh, wie er sie hasst!

»Es gibt sowieso gar keine Engel!«, brüllt Paule und stürzt aus der Klasse. Die Tür lässt er ganz laut hinter sich zuknallen.

Sie sind alle so gemein! Wenn Paule Viktor erwischt oder Gesa, wird er es ihnen schon heimzahlen. Und zur Schule geht er auch nicht mehr. Sollen sie doch sehen, wo sie ihren Kaspar herkriegen! Er jedenfalls spielt den nicht, Paule nicht.

Mama ist ziemlich erstaunt, als so früh am Morgen schon wieder Paule vor der Tür steht.

»Nanu?«, fragt Mama. »Frau Rübsam krank?«

Paule schüttelt den Kopf.

Plötzlich hat er so ein warmes Gefühl, als ob er weinen muss.

»Ich soll Kaspar sein!«, ruft er und wirft seine Arme ganz fest um Mamas Bauch, sodass sie fast umgefallen wäre. Seine Stimme wackelt schon und dann kommen auch die Tränen.

Ein Glück, dass Mama ganz lange warten kann, bis er ihr alles erklärt hat, und dass sie gar nicht ungeduldig wird. Sie knuddelt ihn nur ein bisschen, wenn er vor Weinen nicht reden kann, und nach und nach versteht sie die ganze Geschichte.

»Und jetzt bist du also ganz traurig?«, fragt Mama und gibt Paule ein Taschentuch.

Paule nickt und schnupft sich die Nase aus.

»Ich spiel den ollen Kaspar nicht!«, sagt Paule. »Ich will den Gabriel!«

Mama nickt. »Du kannst da bloß nichts machen, wenn sie dich als Gabriel nicht so gerne haben wollen«, sagt sie. »Es konnten ja auch nicht alle Mädchen Maria sein, oder?«

Paule schüttelt den Kopf, aber er hat irgendwie das Gefühl, dass es doch nicht ganz das Gleiche ist.

»Ich weiß mit Engeln nicht so genau Bescheid«, sagt Mama und gibt Paule ein neues Taschentuch. »Aber wenn es welche geben sollte, was ich nicht so ganz glaube, und wenn sie dann auch noch so aussehen sollten wie Menschen, was ich noch viel weniger glaube, dann gibt es bestimmt mit jeder Hautfarbe welche und mit jeder Haarfarbe und mit allen möglichen Nasen und sogar mit krummen Beinen, denke ich mir.«

Das kann sich Paule nun wieder nicht vorstellen, weil er an den Engel Gabriel im Fernsehen denken muss und wie feierlich der war. Der jedenfalls hatte bestimmt keine krummen Beine.

»Du kannst nicht verlangen, dass du der Gabriel bist«, sagt Mama. »Auch wenn du traurig bist. Wenn sie ein anderes Kind wollen, dann musst du das schon hinnehmen. Zähneknirschend«, sagt Mama und trinkt einen Schluck Kaffee.

»Die blöde Sarah, was?«, fragt Paule, weil er sich vorstellt, wie Sarah mit ihren blonden Haaren über dem Stall schwebt.

Mama tut, als hätte sie das gar nicht gehört. »Aber du *musst* nicht den König Kaspar spielen, wenn du das nicht möchtest«, sagt Mama. »Du kannst ja auch einfach ein Hirte sein oder den Vorhang auf- und zuziehen, zum Beispiel.«

Das möchte Paule nun auch nicht so gerne, aber da klingelt es an der Tür und Andreas steht davor.

»Ich soll dich abholen«, sagt Andreas.

Paule schüttelt den Kopf. Morgen geht er da vielleicht wieder hin. Aber heute nicht. Heute ist es ihm viel zu schrecklich. Nachher lachen sie alle, weil er abgehauen ist. Nein, heute geht Paule nicht.

»Du kannst nun doch der Gabriel sein«, sagt Andreas.
»Aber jetzt heult Sarah, weil sie gerne Engel sein wollte.«
»Die olle Ziege«, sagt Paule.
»Paule!«, sagt Mama, weil sie Schimpfwörter nicht mag.
Das ist Paule ganz egal. »Und wer ist jetzt der Kaspar?«,
fragt er.
»Ich«, sagt Andreas. »Ich mal mir das Gesicht mit Schuh-
creme an. Kommst du jetzt?«
Eigentlich kann Paule dann ja auch mitgehen. Er wird ein
ungeheuer feierlicher Gabriel sein.
»Heute Mittag gibt´s Fischstäbchen«, ruft Mama ihm
nach. Manchmal kann die Welt richtig schön sein.

Ein prima Elternabend

Die nächsten Wochen üben sie jeden Tag an ihrem Stück. Leider darf Paule nicht wirklich über dem Stall schweben.

»Man könnte es mit einem Seil machen«, schlägt er vor, aber Frau Rübsam sagt, es ist zu gefährlich.

Also steht Paule ganz vorne auf der Bühne, wenn er »Ich verkündige euch große Freude« sagt.

Es ist sein einziger Satz, aber er sagt ihn ganz feierlich und breitet dabei die Arme aus wie der Engel im Fernsehen.

Die Flügel hat er mit Papa zusammen aus Styropor und Alufolie gebastelt.

Andreas ist ein toller Kaspar. Er hat einen rot gefärbten Judoanzug an und eine Krone auf dem Kopf, und im Gesicht hat er ganz dick dunkles Make-up, weil seine Mutter ihm Schuhcreme nicht erlauben wollte.

Trotzdem ist Andreas nicht zufrieden.

»Da kommt man sich doch doof vor, wenn man sich vor

so ´ne olle Puppe hinkniet und ihr Geschenke bringt!«, sagt Andreas. »Dieser winzige Jesus ist doch eigentlich die wichtigste Person im Stück! Der müsste doch ein Mensch sein, keine Puppe!«

Aber Paule ist das ganz egal. Er sagt seinen feierlichen Satz auch, wenn in der Krippe Katrins neue Babypuppe liegt. Man kann sie sowieso nicht sehen.

Dann kommt der Weihnachtselternabend. In der Nacht vorher kann Paule fast nicht schlafen und der Nachmittag ist überhaupt fürchterlich lang.

Zum Glück sollen die Kinder schon eine halbe Stunde vor den Eltern da sein, damit sie sich noch umziehen und die Bühne richten können. Aber als Paule Andreas abholen will, ist der nicht mehr zu Hause.

»Der ist lange weg«, sagt Britta, die allein ist, weil ihre Mutter noch Weihnachtseinkäufe macht.

Paule ist wütend. Andreas hätte ja wenigstens Bescheid sagen können, denkt er. Wo sie sonst immer zusammen gehen. Aber dann trifft er Viktor, der auch gerade losgeht, und da geht er eben mit dem.

Paules Beine sind wie Gummi. Viktors auch, sagt der. Überhaupt ist er heute ganz nett. Er sagt immer wieder seinen Satz »Lasst uns nun nach Bethlehem gehen«, und dann sagt Paule seinen Satz »Ich verkündige euch große Freude«, und dann singen sie noch ein bisschen »Stille Nacht«, weil das am Schluss die ganze Klasse mit dem Publikum zusammen singen soll. Das Publikum sind die Eltern.

Als sie in der Schule ankommen, sind schon fast alle Kinder da. Frau Rübsam sieht auch ein bisschen aufgeregt

aus und hilft beim Zuknöpfen und Schleifenzubinden und Schminken.

Katrin muss plötzlich ganz furchtbar weinen, weil sie so aufgeregt ist und nicht mehr Maria sein will, und Gesa sagt ganz schnell, dass sie es dann macht, aber das will Katrin auch nicht und hört auf mit Weinen.

Dann fehlt das riesengroße Stoffschaf von Olaf, das die Hirten dem Kind schenken sollten, und Olaf fällt ein, dass er es noch extra mit nach Hause genommen hat, damit seine Mutter es sauber macht, und nun hat er es vor Aufregung vergessen.

Aber Frau Rübsam sagt, das ist nicht so schlimm, und gibt den Hirten ihren rosa Pelzmantel als Geschenk für das Kind.

»Der ist ja rosa!«, sagt Sarah. »Die Hirten hüten doch Schafe, die sind doch nicht rosa!«

»Egal«, sagt Frau Rübsam energisch und nimmt Katrin noch schnell ganz fest in den Arm, weil die vor Aufregung schon wieder ein bisschen weinen muss.

Und dann geht der Vorhang auf, zuerst sind nur Maria und Josef auf der Bühne und suchen ein Zimmer für die Nacht, und ein paar andere Kinder sind Bürger von Bethlehem und sagen: »Hier ist nichts frei« oder: »Tut uns leid.« Keiner hat bis jetzt seinen Satz vergessen und Paule hinter der Bühne wird es immer komischer in den Beinen. Dann haben Maria und Josef den Stall gefunden und setzen sich neben die Krippe. Katrin macht plötzlich ein ganz merkwürdiges Geräusch, als sie sich über die Krippe beugt, und Paule denkt erschrocken, jetzt fängt sie doch noch an zu heulen, aber Katrin zittert nur und starrt auf die Krippe.
»Jetzt du«, sagt Viktor, der hinter Paule steht, und gibt ihm einen Schubs, dass Paule fast auf die Bühne stolpert.

Er versucht ganz langsam und ernst zu gehen, aber mit den Gummiknien und dem langen Engelskleid ist das gar nicht so einfach. Er schielt ein bisschen ins Publikum, ob er Papa und Mama entdeckt, und da sitzen sogar noch Oma und Opa, und Opa kneift ein Auge zu und zwinkert.

Zwei Reihen davor sitzt Olafs Mutter mit dem Schaf auf dem Schoß und es sieht wirklich viel sauberer aus als bei den Proben.

Und dann steht Paule ganz vorne und breitet seine Arme aus, sodass auf seinem Rücken die Flügel aufklappen, die mit Gummiband an seinen Ärmeln festgemacht sind, und er sagt mit seiner feierlichsten Stimme: »Siehe, ich verkündige euch große Freude!«

Jetzt sollte eigentlich der Engelschor, der hinter ihm auf die Bühne gekommen ist, die erste Strophe von »Vom Himmel hoch« singen. Aber der Chor singt nicht. Das ist nicht der Chor, der da plötzlich laut und verzweifelt brüllt.

Das kommt aus der Krippe, neben der Katrin immer noch sitzt und zittert. Ein fürchterliches Gebrüll, das Paule ganz gut kennt, weil er es oft hört, wenn er bei Andreas ist und spielt.

Bette! In der Krippe liegt Bette und brüllt!

Deshalb war Andreas also schon losgegangen: Er wollte Bette in die Krippe schmuggeln!

Und natürlich fängt jetzt Katrin doch noch an zu weinen und der Engelschor singt auch nicht und alles ist ganz furchtbar durcheinander.

Wenn jetzt nicht gleich etwas passiert, ist das ganze schöne Krippenspiel kaputt, das weiß Paule, und deshalb geht er zur Krippe und holt Bette heraus. Er merkt, wie ihm dabei das Flügelgummiband reißt, aber das ist jetzt auch egal.

Bette ist sofort still, als Paule sie hochhebt, und es ist nur ein Glück, dass er sie bei Andreas schon öfter auf dem Arm hatte und weiß, wie man Babys tragen muss.

In der Weihnachtsgeschichte steht natürlich nichts davon, dass der Engel Gabriel das Kind aus der Krippe holt, aber das kann Paule nun auch nicht mehr ändern. Bette soll mit ihrem Gebrüll nicht das ganze Stück kaputt machen! Also hebt Paule sie hoch zum Zuschauerraum und sagt seinen Satz noch einmal.

»Siehe, ich verkündige euch große Freude, denn das ist nämlich unser kleines Jesuskind«, sagt Paule und ist sehr zufrieden, weil es doch wirklich so aussieht, als ob das zum Stück dazugehört.

Dann will er Bette hinter die Bühne tragen, aber Frau Rübsam steht schon neben ihm und nimmt sie ihm aus den Armen, und Paule merkt plötzlich, dass ihm die Knie überhaupt nicht mehr zittern und er kein bisschen mehr aufgeregt ist.

Deshalb sagt er gleich noch: »Und jetzt singt der Engelschor«, und danach geht das Stück ganz prima weiter, fast wie auf den Proben.

Die Hirten bringen den Seehundsmantel und die drei Könige bringen Gläser und Vasen, und man kann genau

sehen, dass Andreas ganz schön Angst davor hat, was nach dem Stück mit ihm passiert.

Im Zuschauerraum gibt Frau Rübsam Andreas´ Mutter Bette auf den Arm und Opa zwinkert wieder zu Paule hoch. Dann singen alle zusammen »Stille Nacht« und der Elternabend ist aus.

Ein prima Elternabend, findet Paule und ist stolz auf sich.

Er war bestimmt ein ziemlich guter Gabriel.

Andreas ist schon verschwunden, sonst hätte Paule ihm noch ganz schön was erzählt.

Am Ausgang stehen Mama und Papa, Oma und Opa.

»Na?«, sagt Paule und ist fast ein bisschen verlegen.

Papa drückt ihn ganz fest und Mama klopft ihm auf die Schulter.

»Ganz toll, Kollege«, sagt Opa, und Oma hat sogar ein bisschen geweint.

»Stellt euch bloß mal vor, die olle Sarah hätte den Gabriel gespielt«, sagt Paule auf dem Rückweg zufrieden. »Die wäre doch vor Schreck in Ohnmacht gefallen bei dem Gebrüll, und was dann?«

»Ein fürchterlicher Gedanke«, sagt Papa.

»Dann wäre das ganze Stück im Eimer gewesen, bloß weil sie blonde Haare hat«, sagt Paule.

»Nicht auszudenken«, sagt Papa.

Wenn es Mama überkommt

Manchmal überkommt es Mama.

Sie lässt dann plötzlich alles stehen und liegen und näht sich einen Rock oder räumt das ganze Wohnzimmer um oder legt im Garten ein neues Beet an. Überkommen kann verschiedene Sachen sein. Wenn Paule dann aus der Schule kommt, steht das Frühstücksgeschirr noch auf dem Tisch und Mittagessen ist auch keins da.

»Nimm dir eine Banane«, sagt Mama dann. »Warm gibt´s heute Abend. Ich bin noch nicht ganz fertig.«

Manchmal hört es genauso schnell auf, wie es gekommen ist. Dann liegt der angefangene Rock noch ein paar Tage über der Rückenlehne vom Küchenstuhl und die Nähmaschine steht auch herum.

»Es war doch nicht so ganz das Wahre«, sagt Mama dann nach ein paar Tagen seufzend und räumt alles weg. »Schade um den schönen Stoff.«

Paule kennt das schon. Manchmal überkommt es ihn

34

auch. Dann lässt er die Hausaufgaben liegen und stürmt an Mama vorbei nach draußen, weil er gehört hat, dass mindestens Viktor und Guido und Stephan auf dem Bolzplatz Fußball spielen.

»Was soll denn das bedeuten?«, fragt Mama und erwischt Paule gerade noch am Ellbogen.

»Es überkommt mich«, sagt Paule, aber seine Stimme klingt ein bisschen unsicher.

»Bevor die Hausaufgaben fertig sind? Nichts da!«, sagt Mama und setzt sich bis zum letzten Strich neben ihn. Überkommen darf es immer nur Mama.

Diesmal ist es der Flur. Als Paule nach Hause kommt, riecht es nach Farbe und Mama hat einen alten Kittel und Papas Malerjeans an und auf ihren Haaren sind hellblaue Punkte.

»Überkommt es dich?«, fragt Paule und tritt vorsichtig auf das Zeitungspapier, das überall auf dem Fußboden herumliegt. Dafür fehlen der Spiegel und das Garderobenbrett.

»Mhm«, sagt Mama und taucht ihre Malerrolle in einen Eimer mit Farbe. »Wie gefällt es dir?«

Das kann Paule nicht sagen, weil es im Augenblick eigentlich nur ziemlich durcheinander aussieht. Ihm hat der Flur auch gefallen, wie er vorher war.

»Ganz gut«, sagt Paule.

»Nimm dir eine Banane«, sagt Mama. »Ich bin noch nicht ganz fertig. Und dann könntest du mir vielleicht noch einen Gefallen tun.«

Paule überlegt, ob er lieber sagen soll, dass er ganz viel Hausaufgaben aufhat, aber vielleicht ist der Gefallen ja auch nicht so schlimm.

»Was denn?«, fragt er vorsichtig.

»Dübel kaufen«, sagt Mama und zeigt Paule ein graues, staubiges Plastikding mit einem Metallhaken, mit dem man schwere Gegenstände an der Wand aufhängen kann. »Ich will den Spiegel umhängen. Da drüben kommt er viel besser zur Geltung, findest du nicht?«

Paule findet eigentlich nur, dass in diesem Haus die Spiegel alle zu hoch hängen, aber er weiß, dass Mama ihre Spiegel richtig schön findet und immer wieder von irgendwoher noch einen anschleppt. Und nicht mal neue.

»Ein bisschen tiefer wäre gut«, sagt Paule. »Dann kommt er gut zur Geltung.«

»Genau«, sagt Mama. »Hast du deine Banane gegessen?

Du kannst ja Andreas fragen, ob er mitwill, dann könnt ihr euch unterwegs noch ein Würstchen kaufen.«

Paule ist froh, dass er das mit den Hausaufgaben nicht gesagt hat. Wenn es ein Würstchen gibt, kommt Andreas bestimmt mit, und im Einkaufszentrum gibt es auch ein Spielzeuggeschäft, wo sie sich die Computerspiele angucken können.

»Aber Hakendübel«, sagt Mama, als Paule losgeht. »Für den Spiegel, denk dran.« Und als er schon fast an der Pforte ist, ruft sie noch hinterher: »Bohrerstärke fünf!«

Bis zum Einkaufszentrum ist es ziemlich weit. Erst hören die Reihenhäuser und die kleinen Häuser und die Bauernhöfe auf, dann kommt das Ortsschild und dahinter ein paar Wiesen mit Tennisplätzen und Hundeübungsplatz und Pferden. Dann fängt die Stadt an. Hier am Rand gleich mit Hochhäusern und nur ganz kleinen Bäumen und einem Einkaufszentrum.

»Eine Schande, wie sie die Landschaft kaputt machen«, sagt Papa, wenn sie an den Hochhäusern vorbeifahren. Aber Paule findet das Einkaufszentrum gut.

Es ist wie lauter kleine Fußgängerstraßen in einem Haus mit Glasdach darüber und es gibt von fast allen Sorten Geschäften eins. Aus Lautsprechern, die man nicht sieht, kommt leise Musik, und überall stehen Blumenkübel.

»Weißt du, warum die das machen?«, fragt Papa, wenn er manchmal am Sonnabend mit Paule in die Buchhandlung geht. »So wird die Kaufbereitschaft gesteigert. Wenn sich die Leute hier so richtig wohlfühlen bei all den Blumen und der Musik, kaufen sie nämlich gleich doppelt so viel.«

Paule passt genau auf, ob er sich die Diesel-Lok und die Löwenjagd vielleicht auch nur deshalb wünscht, aber er findet sie immer noch gut, auch wenn er die Ohren zuhält und nur ins Schaufenster starrt und die Blumen gar nicht sieht.

Vielleicht hat Papa doch nicht so ganz recht.

»Meine Kaufbereitschaft geht auch ohne Musik«, sagt Paule.

»Das glaube ich hundertprozentig«, sagt Papa und lacht.

Mit Andreas ist es im Einkaufszentrum noch schöner. Zuerst gucken sie ganz lange in das Fenster vom Spielzeuggeschäft. Paule sagt Andreas, welche Sachen er am besten findet, damit Andreas Bescheid weiß, wenn Paule wieder Geburtstag hat, und dann sagt Andreas Paule, was er haben möchte.

Dann gehen sie an das Imbissfenster vom Schlachterladen und bestellen zwei Currywürste. Hinter ihnen steht eine Frau mit einem ganz kleinen Mädchen.

»Guck mal, der Neger, Mami«, sagt das Mädchen.

Paule dreht sich nicht um. Er hört einfach nicht hin und versucht, nur an den leckeren Ketchup zu denken.

»Psst, Marita!«, sagt die Frau. »So was sagt man nicht!«

Paule denkt weiter an den Ketchup und wie er jedes Stückchen Wurst mit so einer kleinen Plastikgabel darin umdreht, bis man fast gar nichts mehr von der Wurst schmeckt, nur noch Ketchup. Ketchup ist das Beste.

»Im Bilderbuch ist auch einer«, sagt das kleine Mädchen. »Mit Baströckchen!«

Paule gibt es auf, nur an die Wurst zu denken. Er kennt das schon. Manchmal gucken sie nur und manchmal flüstern sie und manchmal fassen sie ihn sogar an.

»Lästig, was, Paule?«, sagt Papa, wenn er dabei ist. »Sei man nicht böse. Die sehen hier eben nicht so oft dunkle Kinder. Da bist du was ganz Besonderes. Wie ein Filmstar oder ein Fußballer. Was meinst du, wie sie die anstarren würden!«

Paule denkt an Michael Ballack und dass die Leute da be-

stimmt sogar stehen bleiben würden und vielleicht klatschen. Und auch noch Autogramme verlangen. Das tun sie bei Paule ja Gott sei Dank nicht.

Trotzdem ist es nicht so schön. Vor allem, wenn die Leute überhaupt nicht mehr aufhören wie die Frau.

»Marita!«, sagt die Frau. »Jetzt sei aber still! Der kann doch nichts dafür!«

Dumme Kuh, denkt Paule wütend, alte dumme Kuh. So wie du möchte ich auch nicht aussehen.

Das hat Britta zu Andreas gesagt, als sie vom Friseur gekommen ist mit ganz erwachsenen Haaren, und Andreas hat gelacht. Aber Paule kann das natürlich nicht sagen. Das ist nicht höflich. Also dreht er sich nur um und sieht sie ganz fest mit einem von diesen Blicken an, bei denen Mama immer sagt: »Wenn Blicke töten könnten!« Dagegen kann keiner was haben.

Aber die Frau sieht ihn gar nicht an und das kleine Mädchen auch nicht. Sie starren auf einen Mann, der auf der anderen Seite vor dem CD-Laden steht und mindestens doppelt so braun ist wie Paule.

Es gibt öfter Afrikaner im Einkaufszentrum, überhaupt in der Stadt. Papa und Mama haben Paule schon erzählt, dass so auch sein erster Vater aussieht.

»Und ein Negerkind hat er auch!«, sagt das kleine Mädchen aufgeregt und lacht Paule an. »Da, Mama!«

»Marita«, sagt die Frau verzweifelt und gibt dem Mädchen einen Klaps auf den Mund. »Du kriegst keine Wurst, wenn du jetzt nicht still bist!«

»Ist das in echt dein Vater?«, fragt Andreas und stößt Paule in die Seite. »Er sieht dir richtig ähnlich.«

Das findet Paule nun überhaupt nicht. Außerdem wäre ihm fast ein Stück Wurst abgebrochen.

»Quatsch«, sagt Paule ärgerlich. Jetzt muss mal Schluss sein.

»Guck, er hat auch so Haare und so 'ne Nase«, sagt Andreas interessiert. »Und schwarz ist er auch.«

Jetzt wird Paule aber langsam wütend. Es sind doch auch nicht alle Männer Andreas' Vater, bloß weil sie blond sind und weiße Haut haben!

»Ich frag ihn«, sagt Andreas entschlossen.

»Wehe!«, sagt Paule und will Andreas an der Jacke fest-
halten. Aber der ist schon zu dem Mann hingelaufen und
tippt ihm auf den Rücken.
Paule macht sich ganz klein und versteckt sein
Gesicht in der Kapuze. Am liebsten wäre
er gar nicht mehr da. Andreas wird
schon sehen, was er davon hat. Noch
mal schenkt Paule ihm jedenfalls
keine Currywurst, das wird er
noch erleben.

Mama guckt ziemlich überrascht, als sie die Haustür aufmacht, und da stehen nicht nur Paule und Andreas, sondern auch ein fremder Mann, der noch brauner ist als Paule und sich ein bisschen verlegen verbeugt.

»Er ist doch nicht Paules Vater«, sagt Andreas erklärend und wäre fast auf einen Pinsel getreten. »Er ist aus Ghana, das ist ein ganz anderes Land als Somalia. Es gibt nämlich viele Länder in Afrika«, sagt Andreas.

»So«, sagt Mama und sieht immer noch ein bisschen erstaunt aus. »Schön, dass mir das mal jemand sagt.«

Paule guckt Mama schief von unten an. Er hat sich ja gleich gedacht, dass es keine so gute Idee war, einfach einen fremden Mann mit nach Hause zu bringen. Aber gegen Andreas kommt keiner an.

»Er heißt Peter«, sagt Paule deshalb schnell. »Und er kann bestimmt die Lichtleiste in der Küche reparieren, er studiert das.«

»So«, sagt Mama und streckt dem Mann die Hand hin. »Sie studieren also Lichtleistenreparatur.« Aber dabei macht sie ein Gesicht, dass Paule weiß, es ist schon in Ordnung so.

Als Papa nach Hause kommt, fällt er fast in Ohnmacht. Der Flur ist mit Zeitungen ausgelegt und hellblau, und in

der Küche brennt über der Arbeitsplatte die Lichtleiste,
von der Papa immer behauptet hat, die könnte man überhaupt nicht anschließen, weil sie schon bei der Lieferung
kaputt war. Im Wohnzimmer sitzen Mama und Paule und
Andreas und Peter und spielen Fang den Hut.

»Besuch?«, fragt Papa und lehnt sich an den Türrahmen.
Peter verbeugt sich.

»Er ist nicht aus Somalia«, sagt Paule. »Aber nett.« Und
er knallt den Becher mit den Würfeln auf den Tisch.

»Guten Tag«, sagt Papa, und er und Peter schütteln sich
die Hände.

»Er ist aus Ghana«, sagt Paule. »Da sehen die Leute alle
so aus. Tausend und eine Million und eine Milliarde, alle
wie ich.«

»Aber das erzähle ich dir doch schon seit Jahren!«, sagt
Papa verblüfft. »Hast du mir denn nicht geglaubt?«

Paule denkt nach.

»Doch«, sagt Paule. »Aber wo ich einen Lebendigen kenne,
glaube ich es besser.«

»Wo sind übrigens meine Hakendübel?«, fragt Mama.

»Ach du je!«, sagt Paule. »Vergessen.«

Cousinenbesuch

Paules Cousine heißt Janne.

Sie ist fast ein ganzes Jahr älter als Paule, und als er klein war, hat Paule die Sachen getragen, aus denen Janne herausgewachsen war.

»Ehrlich?«, fragt Paule. »Mädchensachen?«

»Nun tu mal bloß nicht so«, sagt Mama. »Ich trage doch auch manchmal Papas Sweatshirts, oder?«

Das stimmt natürlich, aber Papa trägt bestimmt nicht Mamas Sachen. Er würde auch gar nicht reinpassen.

Inzwischen ist Janne natürlich immer noch älter als Paule, aber sie ist schon lange nicht mehr so groß wie er. Und sie spricht auch so komisch. Da, wo Janne wohnt, reden alle Leute so. Nur fällt es da nicht so auf. Aber wenn sie bei Paule zu Besuch ist, muss er manchmal ganz schön darüber lachen.

»Alter Idiot«, sagt Janne dann und wird wütend.

Jetzt soll Janne wieder zu Besuch kommen, und sogar ohne ihre Eltern. Die wollen für eine Woche nach Paris reisen und dabei können sie Janne nicht so gut brauchen.

»Freust du dich?«, fragt Mama.

»Hm«, sagt Paule und denkt nach. Sie werden bestimmt in den Zoo gehen, wenn Janne da ist, und öfter Eis essen und Ausflüge machen. Das macht man so, wenn man Besuch hat. Aber dann will sie vielleicht immer mit zu Andreas zum Spielen oder er muss sie sogar zum Fußball mitnehmen. Das ist dann wieder nicht so schön.

»Ich freu mich *halb*«, sagt Paule. Vielleicht kann sie ja auch mal mit Britta spielen, dann hat er seine Ruhe.

Als Janne ankommt, ist es schon Abend. Die Fahrt hat so lange gedauert, weil es so weit ist. Trotzdem ist Janne ganz allein gefahren.

Paule darf länger aufbleiben, um sie von der Bahn abzuholen.

»Zieh dir wenigstens saubere Jeans an«, sagt Mama. »Sonst denkt Janne noch, wir sind hier alle Dreckspatzen.«

Aber Paule findet, es lohnt nicht mehr. Die ganze umständliche Umzieherei wegen der Janne, so spät am Abend, wo er sich nachher sowieso seinen Schlafanzug anziehen muss.

»Nö«, sagt Paule. »Dann bleib ich lieber hier.«

»Ach was«, sagt Papa. Papa findet saubere Jeans auch nicht so wichtig wie Mama. »Jetzt fahren wir erst mal los, sonst ist Jannes Zug noch vor uns am Bahnhof.«

Das ist er aber nicht. Der Zug fährt gerade ein, als Paule und Mama und Papa auch ankommen, was ein bisschen schade ist, weil Paule sich ganz gerne noch den Bahnhof angesehen hätte. Wenn Mama nicht so genörgelt hätte wegen der Jeans, wäre dafür noch genug Zeit gewesen. Manchmal findet Mama genau die falschen Sachen wichtig.

Ein fremder Mann hebt Janne aus dem Zug und Mama läuft zu ihr hin und drückt sie ganz fest.

Paule hüpft ein bisschen auf der Stelle, weil es sonst nichts für ihn zu tun gibt und weil er so aufgeregt ist.

»Paule freut sich schon, dass du kommst«, sagt Mama zu Janne und wirft Paule einen drohenden Blick zu. Natürlich ist das ein bisschen gelogen, aber Paule weiß, dass das die Sorte Lügen ist, die erlaubt sind. Mama braucht also gar nicht so zu gucken, er wird schon nicht sagen, dass es nicht stimmt.

»Tag«, sagt Janne und sieht auf den Boden. Mit dem Fuß malt sie komische Muster auf den Bahnsteig, dass bestimmt ihre Schuhspitze abschabt. Sie sieht ein bisschen traurig aus, findet Paule, allein und klein und so, dass man sie trösten muss.

Aber dazu fällt Paule nichts ein.

»Tag«, sagt Paule auch und lässt die Hände in den Ta-

schen. Und da guckt Janne hoch und lächelt ein ganz
kleines bisschen, und oh, wie hübsch sie ist! Ihre Augen
haben eine ganz besondere Farbe, und ihre Haare sind
blond, aber viel schöner als bei der blöden Sarah, und sie
steht auch so schön da, dass man fast vergisst, dass sie
ein Mädchen ist.

Man möchte sie immerzu beschützen und machen, dass
sie nicht traurig ist, aber wie das gehen soll, sagt einem
keiner.

»Ich kann mal Viktor fragen, ob du auf seinem BMX-Rad fahren darfst«, sagt Paule. »Dann lässt er dich bestimmt.«

Aber Janne guckt schon wieder nach unten und Paule kann eine Träne sehen, und Mama nimmt Janne ganz fest in den Arm und sagt, das ist nur die Müdigkeit und vielleicht ein bisschen Heimweh, aber morgen ist das bestimmt wieder vorbei.

Auf dem Weg zum Auto hilft Paule Papa, den Koffer zu tragen, aber er kommt sich trotzdem ganz überflüssig vor.

Am nächsten Morgen geht es Janne wirklich wieder besser, und beim Frühstück müssen sie schrecklich viel lachen, weil sie für alle Sachen auf dem Tisch komische Wörter erfinden, die es gar nicht gibt.

»Na, ihr seid vielleicht albern«, sagt Mama zufrieden, als Paule Janne das Glas mit der Mumpfmelumpfde gibt und Janne ihn dafür von ihrem Brumpf abbeißen lässt.

Da müssen sie noch mehr lachen.

»Muss ich wieder diesen doofen Pullover anziehen?«, fragt Paule, als Mama ihm seine Sachen ins Badezimmer bringt, wo er gerade ausprobiert, ob man direkt aus dem Wasserhahn trinken kann, ohne dass das Gesicht nass wird. Ein nasses Gesicht hat Paule nicht gern.

»Du musst, aber erst putzt du dir die Zähne«, sagt Mama und sieht ihn komisch von der Seite an.

Als Andreas klingelt, spielen sie gerade, dass das Haus brennt. Janne ist Feuerwehrmann und Paule auch, deshalb können sie nur Spielsachen retten und keine Menschen, aber da haben sie schon viel geschafft. Vor der Kinderzimmertür auf dem Flur liegt es schon kniehoch.

»Kommst du mit raus?«, fragt Andreas, ohne Janne anzusehen. »Bolzen?«

»Nee«, sagt Paule. »Jetzt nicht.« Und er hilft Janne auch noch seinen Schreibtisch zu retten.

»Andreas kann doch mitspielen«, ruft Mama von unten.

Paule bleibt stehen und sieht Andreas unfreundlich an.

»Wenn du willst«, sagt er. Mit Andreas macht es bestimmt nicht mehr so viel Spaß.

Aber Andreas merkt nichts und zieht sich schon seinen Anorak aus.

»Wir sind sowieso gleich fertig«, sagt Paule.

»Die redet aber komisch«, sagt Andreas, als Janne sich unten bei Mama etwas zu trinken holt.

»Bist du blöd?«, fragt Paule energisch. »Da reden die doch alle so. Und es klingt außerdem sehr schön. Weich und zierlich.«

Andreas zuckt die Achseln. »Ich find´s komisch«, sagt er.

»Weil du keine Ahnung hast!«, sagt Paule wütend. »Man sagt so was nicht! Die ist doch dann traurig!«

»Aber Janne kann das doch gar nicht hören«, sagt Andreas verblüfft.

»Aber ich«, sagt Paule und geht lieber auch nach unten.

Andreas kommt danach nicht mehr so oft, aber das macht auch nichts.

Mit Janne kann Paule sowieso viel schöner spielen, sogar langweilige Spiele.

»Wenn du willst, kannst du am Sonntag mit zum Fußball kommen«, sagt Paule. »Zugucken.«

»Ich finde Fußball blöd«, sagt Janne und wechselt dem Duplo-Mann den Hut.

»Ich bin Rechtsaußen«, sagt Paule. »Ich hab sogar mal ein Tor geschossen, und nicht schlecht.«

»Nein, danke«, sagt Janne höflich. »Ich finde Fußball langweilig.«

Paule schluckt ein bisschen. Das ist natürlich ziemlich schrecklich. »Dann geh ich auch nicht«, sagt Paule.

Paule wacht immer schon früher auf als Janne. Dann geht er zu Mama in die Küche und sie machen es sich gemütlich. Mama trinkt Kaffee und Paule trinkt Milch und dabei reden sie einfach so.
»Jetzt freust du dich aber doch, dass Janne da ist, nicht?«, fragt Mama.
Paule nickt und trinkt noch einen Schluck Milch.
»Schön, dass ihr so gut zusammen spielt«, sagt Mama.
»Da braucht Janne auch kein Heimweh zu haben.«
Das stimmt und darüber ist Paule wirklich froh. Sonst würde Mama sie vielleicht den ganzen Tag auf dem Schoß haben und trösten.
»Mama?«, fragt Paule. »Kann man eigentlich Cousinen heiraten?«
Mama sieht so lange auf ihre Tasse, dass Paule schon denkt, sie weiß es vielleicht nicht, aber dann guckt sie doch hoch.
»Ich glaube schon«, sagt sie. »Wenn man alt genug ist.«
»Wie alt?«, fragt Paule.
»Sechzehn, glaube ich«, sagt Mama. »Oder einundzwanzig. Oder achtzehn.«

»So alt«, sagt Paule. Da kann man ja vielleicht schon tot sein.

Am Tag bevor Janne abfährt, hat Viktor Geburtstag. Zuerst hat er nur Paule eingeladen, aber dann hat er extra noch mal geklingelt, um zu sagen, dass Janne auch kommen soll.
Es ist ein bisschen ärgerlich, dass Viktor nun zwei Geschenke kriegt, wo er Paule immer nur eins bringt, aber Mama sagt, wenn zwei Kinder gehen, gibt es auch zwei Geschenke.
Janne hat sich eine Spange ins Haar gesteckt, die ist in derselben Farbe wie ihr Overall. Überhaupt
sieht sie heute noch schöner
aus als sonst.
Paule muss seine normalen
Jeans anziehen und ein
Hemd, das er auch
sonst immer anhat.
»Nie habe ich was
anzuziehen«, sagt
Paule maulig.
»Richtig oll.«
»Du willst doch

nicht etwa einen Sonntagsanzug?«, fragt Mama. Sie
klingt schon den ganzen Tag so genervt, da sagt Paule lieber
nichts mehr.

Viktor hat zwölf Kinder eingeladen. Auf dem Tisch im
Garten stehen Kuchen mit Smarties und Schokoküsse
und Wackelpeter mit Sahne. Dazu gibt es Kakao oder
Cola, und natürlich will keiner Kakao, auch als Viktors
Mutter sagt, es ist aber gesünder.

Dann beschmeißen sie sich mit Servietten, und Janne
kriegt eine bekleckerte gegen ihren Overall und weint
ein bisschen, und Katrin muss sich ganz schnell übergeben
und kommt nur noch bis zur Terrasse. Aber dann
spielen sie Topfschlagen und Sackhüpfen und zum Glück
gewinnt jeder etwas.

Viktors Vater macht Videoaufnahmen, und dann sagt er,
zum Abschluss sollen sie alle noch mal schön zusammen
tanzen, das filmt er auch.

Paule kennt die Tanzerei schon, das ist bei Viktors Geburtstag
immer so und bestimmt finden das alle Kinder
langweilig und tanzen nur wegen dem Video. Aber diesmal
freut sich Paule, als Viktors Vater den Rekorder einschaltet.
Paule stellt sich neben Janne, damit sie gleich
anfangen können, aber die guckt gar nicht zu ihm hin,
sondern lächelt so ganz heimtückisch Viktor an, und der

macht richtig eine altmodische Verbeugung vor ihr und
dann tanzen sie los.

Paule bleibt auf der Terrasse stehen und will gar nicht
darüber nachdenken, warum Janne den ollen Viktor lieber
mag als ihn, bis Viktors Mutter Katrin zu ihm hinschiebt
und ihnen einen Schubs gibt und sagt: »Nun mal nicht so
schüchtern!«

Da tanzen sie auch.

Aber danach rennt Paule ganz schnell nach Hause, obwohl
es bei Viktor immer noch ein Abschiedsgeschenk gibt.

»Wo ist denn Janne?«, fragt Mama, als Paule ganz allein
zurückkommt.

»Bei Viktor«, sagt Paule. »Tanzen.« Und er passt ganz doll
auf, dass seine Stimme nicht wackelt, das will er nicht.

»War´s schön?«, fragt Papa, und Mama guckt Papa böse an,

und Paule merkt, dass seine Stimme jetzt bestimmt wackelt, und deshalb nickt er nur und rennt ganz schnell die Treppe rauf in sein Zimmer. Da wirft er sich aufs Bett mit dem Gesicht ins Kissen und Mama kommt und nimmt ihn in den Arm.

»Immer diese Colatrinkerei«, sagt Papa ärgerlich.

Am nächsten Morgen fährt Janne ab. Mama hat ihren Koffer gepackt und Papa hat Eier gekocht und Brote geschmiert, und zum Abschied schenken sie ihr noch ein Geduldsspiel, damit sie auf der langen Fahrt was zu tun hat.

»Wir freuen uns alle, wenn du bald wieder kommst, nicht, Paule?«, sagt Papa, der arbeiten muss und Janne darum nicht mit zur Bahn bringen kann.

Aber diesmal muss Paule nicht mehr lügen. Jetzt fährt sie ja nach Hause, da kann sie kein Heimweh mehr kriegen.

Paule kneift die Lippen zusammen und antwortet nicht.

»Zieh dir deine Jacke an, Paule«, sagt Mama. »Wir müssen los.«

»Ich bleib hier«, sagt Paule und verteilt mit dem Zeigefinger verschüttete Milch auf dem Tisch.

»Aber Paule«, sagt Papa. »Willst du Janne nicht zur Bahn bringen?«

Das will Paule ganz bestimmt nicht. Es reicht schließlich, wenn Mama fährt.

»Ich hab zu tun«, sagt Paule.

Papa guckt Mama an, und Mama sagt: »Dann sage ich schnell bei Andreas Bescheid, dass du gleich kommst.«

Paule nickt und rutscht vom Stuhl.

»Tschüs«, sagt er und hält Janne die Hand hin.

Am Daumen hat sie eine Warze, die sieht richtig hässlich aus.

Ist Mama eine Stiefmutter?

Manche Dinge sind Paule nicht so ganz
klar.

»Ist Mama nun eigentlich meine Stiefmutter oder was?«,
fragt Paule, als er mit Papa beim Unkrautjäten im Vorgar-
ten ist. Eigentlich jätet mehr Papa und Paule sitzt auf der
Mülltonne, aber Papa hat ihn trotzdem gerne dabei.

»Deine was?«, fragt Papa verdutzt.

»Stiefmutter«, sagt Paule und bummert mit den Beinen
gegen die Mülltonne. Weil sie noch fast leer ist, klingt das
schön hohl.

Stiefmütter kommen im Märchen vor. Sie schicken ihre
Kinder in den Wald, damit sie sich verlaufen, oder geben
ihnen verzauberte Äpfel zu essen, an denen sie sich verschlucken. Überhaupt sind sie im Allgemeinen ziemlich
gemein, findet Paule. Und wenn das in allen Märchen so
ist, wird schon was dran sein.

»Was meinst du denn?«, fragt Papa und stützt sich auf den
Harkenstiel.

Das sind immer so Erwachsenenfragen! Paule hat doch gerade gesagt, dass er es nicht weiß. Paule sollte mal versuchen so zurückzufragen! –»Paule, hast du deine Hausaufgaben fertig?« –»Tja, was meinst du denn?« oder so ähnlich. Da wäre aber ordentlich was los, das steht fest.

»Weiß ich nicht«, sagt Paule.

Natürlich kann er sich nicht vorstellen, dass Mama ihn in den Wald schickt, um ihn loszuwerden. Es gibt sowieso keinen in der Nähe. Und mit dem Verschlucken ist sie auch ziemlich pingelig. Als Paule klein war, musste er ihr immer seine Kirschkerne abgezählt abliefern. Aber Kirschen sind natürlich keine Äpfel.

»Eine Stiefmutter«, sagt Papa und wischt sich mit dem Taschentuch über die Stirn, da, wo sie ziemlich weit bis zum Hinterkopf reicht, »ist die neue Frau von einem Vater, wenn der geschieden oder die erste Mutter tot ist. Also ist Mama natürlich nicht deine Stiefmutter«, sagt Papa zufrieden.

»Hm«, sagt Paule und versucht, ob die Mülltonne ihn auch noch hält, wenn er sich draufkniet.

»Nicht ganz zufrieden, was?«, fragt Papa und seufzt ein bisschen. »War auch Quatsch, was ich gesagt habe.«

Paule rutscht wieder nach unten. Jetzt kommt erst die richtige Antwort. Er mag das, wenn Papa sagt, er hat Quatsch geredet, und noch mal von vorne antwortet. Eigentlich wird es dann immer erst richtig interessant. Obwohl es ja schon erstaunlich ist, dass ein erwachsener Mann so oft erst Quatsch redet, bevor er was Vernünftiges sagt.

»Ich glaube«, sagt Papa und setzt sich einfach neben die Tonne auf die Türschwelle, »es ist eigentlich ganz egal, ob Mama deine Stiefmutter ist, verstehst du? Sie ist es sowieso nicht, sie hat dich ja nicht sozusagen als Zugabe gekriegt, als sie mich geheiratet hat, sondern wir haben dich beide wirklich sehr gewollt. Aber der Punkt ist«, sagt Papa, und Paule weiß, wenn Papa »Der Punkt ist« sagt, kommt die Hauptsache, »der Punkt ist, dass es in jedem

Fall völlig egal ist, ob eine Mutter eine Stiefmutter ist oder sonst was für eine Mutter. Wichtig ist nur, dass sie ihr Kind lieb hat. Das kann eine Stiefmutter genauso gut wie jede andere.«

Paule guckt ein bisschen zweifelnd. Er denkt an Aschenbrödel und wie gemein die Stiefmutter zu ihr immer war. Aber zu ihren eigenen Töchtern, da war sie natürlich richtig nett. Das kann Papa ihm ja nun nicht erzählen, dass es egal ist, ob eine Mutter eine Stiefmutter ist oder nicht.

»Du glaubst mir nicht, was?«, fragt Papa.

Paule zuckt die Achseln. »Hm«, sagt er.

»Wegen der Märchen, oder?«, fragt Papa.

Paule nickt. Gut raten kann Papa, das muss man sagen.

»Aber du glaubst doch sonst auch nicht alles, was in Märchen steht«, sagt Papa. »Das ist doch alles ausgedacht. Dass es Riesen gibt und Zwerge und Geister und Hexen.«

Nun könnte Paule natürlich erklären, dass er daran *meistens* nicht glaubt, aber *manchmal* doch, zum Beispiel nachts oder wenn der Wind an der Tür vom Kaminofen rüttelt. So ganz sicher ist man da nie. Aber Paule weiß, dass Papa bestimmt ziemlich erschrocken wäre, wenn Paule das sagt, und dann versucht Papa noch, ihm zu erklären, warum es diese Sachen alle wirklich nicht geben kann. Und Paule will endlich mit der Stiefmuttergeschichte fertig werden, weil nämlich drüben gerade Viktor aus der Tür gekommen ist mit etwas in der Hand, das Paule bei ihm noch nie gesehen hat.

»Nee, glaub ich nicht dran«, sagt Paule deshalb. Und damit es nicht gelogen ist, sagt er in Gedanken noch dazu: meistens.

»Siehst du«, sagt Papa. »Aber natürlich kann auch eine Stiefmutter nicht immer nur nett sein zu ihrem Kind. Wie andere Mütter eben auch, verstehst du? Worauf es ankommt, ist …«

Paule schwingt sich mit einem Satz von der Tonne. Es könnte natürlich so ein Fernlenkauto sein. Viktors Onkel ist gestern gekommen und bestimmt hat der Viktor was mitgebracht.

»Ich muss jetzt zu Viktor«, ruft Paule noch, als er die Pforte hinter sich zudonnert. Papa soll sich keine Sorgen machen.

Andere Sachen sind schwerer zu verstehen.

»Bin ich ein Ausländer, Opa?«, fragt Paule, als er einen ganzen Tag bei Oma und Opa zu Besuch ist.

»Nee«, sagt Opa und putzt weiter seine schwarzen Schuhe, bis sie blitzen. Bei Paule zu Hause werden die Schuhe nie so schön geputzt. »Du hast doch einen deutschen Pass, oder?«

»Kinderausweis«, sagt Paule. »Sogar mit Bild.«

Es ist schade, dass er ihn nicht bei sich hat. Das Bild durfte

64

er sich selber aus den vier Fotos aussuchen, die so ein komischer Apparat von ihm gemacht hat, ganz ohne Mensch. Es gab auch keinen Fotoapparat, nur einen Spiegel, in dem Paule sich sehen konnte. Und draußen stand Mama und sagte: »Lächeln, Paule, nun lächel doch mal«, aber Paule findet sich schöner in ernst.

»Viktor sagt, ich bin Ausländer«, sagt Paule. »Deutsche Neger gibt es nicht.«

Opa haucht noch mal auf seine Schuhe und wienert mit einem Staubtuch nach.

»Dein Viktor weiß überhaupt nicht, wovon er redet«, sagt Opa. »Der soll lieber schön still sein.«

Das findet Paule auch, aber die Frage ist damit ja trotzdem nicht beantwortet.

»Bin ich nun oder nicht?«, fragt Paule und klettert auf die Lehne von Opas Sessel.

Opa seufzt. »Frag mal deinen Vater«,

sagt er. »Der hat studiert.« Und er faltet das Staubtuch zusammen und legt alle Schuhputzsachen sorgfältig in so einen kleinen Holzkasten mit Griff.

Paule muss sich wundern. Opa ist doch der Vater von Papa, und wenn Papa schon so viel weiß, was müsste Opa da erst wissen! Vielleicht hat er nur keine Lust, es Paule zu erklären.

Oma zu fragen hat sowieso keinen Sinn. Die sagt nur: »Du bist doch unser Paule!«, und drückt ihn ganz fest gegen ihren weichen Bauch, und vielleicht gibt sie ihm auch noch Schokolade.

Trotzdem fragt Paule beim Essen noch mal nach. Opa sieht langsam ziemlich verärgert aus, findet Paule.

»Warum musst du das denn unbedingt wissen?«, fragt Opa. »Willst du Bundeskanzler werden?«

Darüber hat Paule noch nicht nachgedacht. Es scheint kein sehr interessanter Beruf zu sein. Mit Computern ist besser.

»Mmmhh«, sagt Paule. »Aber wenn ich Ausländer bin, muss ich raus.«

»Wo raus?«, fragt Opa.

»Raus«, sagt Paule. »Es steht im Einkaufszentrum an der Wand. Ausländer raus.«

Opa knallt seine Gabel auf den Teller, dass es scheppert.

»So eine Sauerei!«, sagt er und haut auch noch mit der
Faust auf den Tisch.

Paule mag das, wenn Opa solche Wörter gebraucht. Obwohl es schon ein bisschen unheimlich ist, wenn er so
wütend wird. Opa ist sonst meistens vergnügt.

»Die sollte man alle!«, sagt Opa, aber er isst jetzt wenigstens weiter.

»Wilhelm!«, sagt Oma. »Rede mal nicht so vor dem
Kind.«

Aber Opa hat sich jetzt offenbar überlegt, dass er Paule
doch was erklären will.

»Hör zu«, sagt Opa. »Die Leute, die so was schreiben,
das sind ganz große Schweinehunde und Idioten, und die
wissen überhaupt nichts. Die würden sich ganz schön
umgucken, wenn die Ausländer plötzlich alle wieder zu-

rückgehen würden, da würde nämlich ziemlich viel Arbeit liegen bleiben in diesem Land!«

»Hm«, sagt Paule. Er versteht nicht ganz, was Opa damit meint. Es klingt so ähnlich wie eine von Mamas und Papas Erklärungen immer.

»Es kommt nicht darauf an, woher einer kommt, Paule«, sagt Oma. »Es kommt darauf an, was für ein Mensch er ist.«

Und dann gibt sie Paule noch einen von diesen guten Apfelpfannkuchen mit viel Zucker drauf.

Das kennt Paule ja nun schon, das sagen sie immer. Dass es nicht darauf ankommt, wie einer aussieht oder was er arbeitet und woher er kommt oder ob er eine Stiefmutter ist, sondern was für ein Mensch er ist. Das sagen Mama und Papa auch immer.

Nur komisch, dass so viele Leute es nicht wissen. »Und solche Schmierereien«, sagt Opa und nimmt sich jetzt auch noch einen Pfannkuchen, »gehören überhaupt weg. Abgewaschen gehören die! Übergemalt!«

Paule nickt. Das ist eine gute Idee.

Die Polizisten, die Paule nach Hause fahren, sind eigentlich ganz nett. Nur die Sirene auf dem Auto machen sie nicht für ihn an.

»Ist das Ihr Sohn?«, fragt der Polizist, als Mama die Tür aufmacht.

Mama kriegt ganz erschrockene Augen.

»Ist was passiert?«, fragt sie und zieht Paule in den Flur.

»Sie müssen mal besser aufpassen auf den jungen Mann«, sagt der Polizist streng. »Er hat im Einkaufszentrum die Wände beschmiert!«

»Paule!«, sagt Mama und dreht sich zu ihm herum. »Ja, bist du denn des Teufels?«

»Bitte«, sagt der Polizist und gibt Mama die kleine Sprühflasche mit dem Autolack, mit dem Papa eigent- lich den linken hinteren Kotflügel reparieren wollte. Die Flasche ist sowieso leer. Es war viel zu wenig drin, um die ganze Arbeit zu schaffen.

»Auch noch mit Autolack!«, sagt Mama, und Paule sieht, dass sie ganz durcheinander ist.

»Bist du verrückt geworden, Paule?«

Jetzt wird Paule aber langsam ärgerlich. Wie kann sie gleich mit ihm schimpfen, ohne überhaupt zu fragen, was los

war! Man muss immer zuerst fragen, bevor man jeman-
den beschuldigt, das hat sie ihm schließlich beigebracht.

»Opa hat gesagt, ich soll es tun«, sagt Paule und macht
sich aus ihrem Griff frei. »Es sind alles Idioten!«
Aber als er Mamas entsetztes Gesicht sieht, erklärt er es
lieber noch genauer.

»Es sieht jetzt auch viel schöner aus«, sagt Paule. »Ich
habe lauter Sterne drübergemacht. Raketen wollte ich
auch noch.« Paule kann tolle Raketen malen.

»Drüber?«, fragt Mama. »Wo drüber?«

»Über die Sauerei«, sagt Paule. Wenn Opa das sagt, darf er
auch. »Ausländer raus.«

Mama zuckt ein bisschen zusammen. Dann sieht sie
plötzlich viel netter aus. Sie fasst Paule wieder an der
Schulter an, aber es ist mehr wie Streicheln.

»Da hätten Sie dem Kind vielleicht lieber helfen sollen«,
sagt Mama böse zu dem Polizisten, der sich
an die Mütze tippt und zum Auto zu-
rückgeht.

Das klingt gut, denkt Paule. Vielleicht kauft sie ihm jetzt doch
eine neue Sprühdose, damit er
seine Arbeit fertig machen kann.

Paule reißt ein bisschen aus

Paule geht meistens ganz gerne zur Schule.
Frau Rübsam kennt ziemlich viele Spiele und
Lieder, aber natürlich müssen sie auch lesen und
schreiben und rechnen und Sachkunde machen,
und eigentlich gefällt das Paule mindestens genauso gut.
»Was für ´ne Farbe haben Amseleier, na?«, fragt er Papa,
wenn sie das gerade gelernt haben, und er muss doch
sehr staunen, wenn Papa das wieder nicht weiß, wo er
letzte Woche schon nicht sagen konnte, wie Ahornblätter
aussehen. Und dabei ist Paule erst in der ersten Klasse!
Aber rechnen kann Papa besser als Paule, obwohl Paule
das auch ziemlich gut kann. Rechnen macht manchmal
richtig Spaß.
Lesen und Schreiben auch, wenn sie in der Klasse eigene
Geschichten schreiben, aber Wortdiktate – puh! Wortdiktate mag Paule überhaupt nicht.
»Warum muss man Wortdiktate schreiben?«, fragt er
Andreas. Aber der weiß es auch nicht.

»Erwachsene schreiben ja auch nie Wortdiktate«, sagt Paule. Und das ist wahrscheinlich auch der Grund, warum sie gar nicht wissen, wie schrecklich Diktate sind. Vor allem das Üben vorher.

Da scheint draußen die Sonne und vom Spielplatz hört man Guido mit der kleinen Katrin schreien – und was tut Paule? Paule schreibt schon zum zweiten Mal *Mona* und *Lisa* und *werfen* und *Apfel*.

»Paule!«, sagt Mama. »Du passt überhaupt nicht auf. Guck dir mal an, wie du ›werfen‹ geschrieben hast!«

Aber wie soll man auch aufpassen, wenn man genau hören kann, dass auf dem Spielplatz jetzt auch noch Andreas mitschreit? »Andreas ist auch draußen«, sagt Paule empört. »Und der muss morgen auch das Diktat schreiben!«

Aber Mama lässt sich nicht erweichen und Paule schreibt zum dritten Mal *Mona* und *Lisa* und wieder wird *werfen* nicht so ganz richtig.

Nein, das sind schreckliche Tage, die Tage vorm Diktat, und deshalb hat Paule beschlossen, dass ihm so was jetzt nicht mehr passieren soll.

Er wird es Mama einfach nicht mehr sagen, wenn sie Diktate schreiben. Ein bisschen unheimlich ist ihm dabei schon, aber

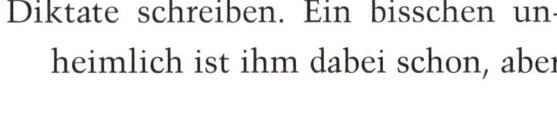

eigentlich ist es gar nicht so schlimm, denkt Paule: Es ist ja kein Lügen, weil er doch einfach *gar nichts* sagt.

Aber dann muss Mama natürlich fragen, ausgerechnet am Tag bevor sie das Diktat schreiben sollen.

»Sag mal, Paule«, fragt sie, »ist nicht bald mal wieder ein Diktat fällig?«

Paule tut so, als hätte er nichts gehört, und kaut ganz langsam auf seinem Kotelett.

»Lieber Paule«, sagt Mama. »Ich hab dich was gefragt.«

Jetzt ist es schwierig. Man muss antworten und dabei wollte Paule heute Nachmittag zu Viktor, Video gucken. Und das darf Mama sowieso lieber nicht wissen, Video mag sie gar nicht.

Aber Mama ist selber schuld. »Bald«, hat sie gesagt. Und morgen ist doch nicht bald? Morgen ist morgen. Also kann Paule ruhig Nein sagen. *Bald* schreiben sie wirklich kein Diktat, sondern morgen. Nein ist nicht gelogen, jedenfalls nicht richtig.

»Nein«, sagt Paule und steht auf. »Ich geh mal zu Viktor.« Das ist auch nicht gelogen. Was sie da tun, muss er ja nicht unbedingt erzählen.

Dann kommt das Diktat und in der Stunde danach malen sie ein Bild und Frau Rübsam sieht die Hefte nach. Dann gibt sie sie zurück.

So richtig schlecht ist Paules Diktat nicht, aber so richtig gut auch nicht. Und nun steht es da in seinem Heft, und bis morgen braucht er eine Unterschrift, dass Mama und Papa es gesehen haben.

Paule wird es ganz komisch. Was wird Mama sagen, dass er ihr nichts davon erzählt hat? Wo sie gestern noch gefragt hat! Und vielleicht hat sie mit »bald« doch auch »morgen« gemeint? Eigentlich ist sich Paule da jetzt fast sicher.

Nein, so richtig wohl fühlt sich Paule auf dem Nachhauseweg nicht mehr. Und als er mit Viktor darüber spricht, wird alles nur noch schlimmer.

»Wirklich gelogen war es ja eigentlich nicht«, sagt Paule hoffnungsvoll.

Aber Viktor schüttelt den Kopf. »Meine Mutter würde das gelogen finden«, sagt er. »Die würde ganz schön

wütend sein. Aber meine muss mich ja behalten«, sagt Viktor nachdenklich, »deshalb wäre das bei mir nicht so schlimm. Glaubst du, deine will dich jetzt nicht mehr haben, wo du gelogen hast?«

Daran hat Paule überhaupt noch nicht gedacht. Mama kann ihn doch nicht wegschicken? Mama kann wütend sein und mit ganz viel Geschepper abwaschen und sagen, dass es ein Elend ist mit Paule, aber wegschicken kann sie ihn nicht.

Allerdings hat Paule sie ja auch noch nie so richtig doll belogen – vielleicht will Mama keinen Jungen, der lügt? Das könnte Paule ganz gut verstehen. Er mag ja auch nicht, wenn Mama und Papa ihn beschwindeln.

Je näher er der Gartenpforte kommt, desto merkwürdiger wird es Paule. Das wird man ja noch sehen, ob die ihn so einfach wegschicken können. Mama und Papa sollen ruhig mal merken, wie es ohne Paule ist. Dann werden sie schon sehen, was sie an ihm haben, auch wenn Paule vielleicht mal ein bisschen schwindelt. Wenn er plötzlich nicht mehr da ist, können sie sich ja mal überlegen, ob Paule einer ist, den man so einfach wieder wegschickt. Es hilft nichts, Paule muss ein bisschen ausreißen.

Er weiß nur noch nicht, wohin.

Aber Paule hat Glück. Nebenan geht die Tür auf und

Andreas schiebt wütend Bettes Karre bis zur Pforte.
Eigentlich schiebt er sie nicht – er gibt ihr richtig einen
Schubs, dass sie hinten gegen die Pforte knallt und richtig
gut ins Schaukeln gerät.

Bette findet das schön.

»Grrr!«, sagt sie und lacht.

Aber Andreas lacht nicht zurück.

»Ja, grrr!«, sagt er und knallt die Pforte hinter sich zu.
»Bin ich dein Babysitter?«

Und er gibt der Karre wieder einen ordentlichen Schubs,
dass sie diesmal fast gegen Paule gedonnert wäre.

»Grrr!«, sagt Bette wieder. »Baba-gau!«

Dann sieht Andreas Paule.

»Ich muss sie ausfahren«, sagt er und gibt der Karre
einen Tritt. »Bis zum Mittagessen!« Und er wackelt an

dem Griff, dass Bette in der Karre hin und her fliegt und
sich ausschütten will vor Lachen.

Aber Paule kann Babysitten jetzt gar nicht so schlimm
finden. Paule hat wirklich größere Sorgen.

»Ich hau ab«, sagt er düster und kitzelt Bette am Bauch.
»Ich geh weg.«

»Für immer?«, fragt Andreas und starrt Paule ungläubig
an. Das hat Paule ja eigentlich nicht vor.

»Mal sehen«, sagt er. *Immer* wäre doch ziemlich lange.
Er will ja nur, dass Mama und Papa mal merken, wie es
ohne Paule ist.

Aber man kann nie wissen. Paule wird ganz traurig, wenn
er denkt, dass er vielleicht doch für immer weggeht. Wenigstens zum nächsten Weihnachten wäre er doch ganz
gerne wieder zu Hause. Und zum Geburtstag.

»Ich komm mit«, sagt Andreas. »Ich hau auch ab. Sollen die mal sehen, ob sie mich so behandeln können wie 'n ollen Babysitter!« Und er schaukelt Bette wieder hin und her.

Paule ist erleichtert. Er weiß natürlich nicht genau, ob man es so macht, wenn man ausreißt. Vielleicht muss man dabei auch alleine sein, aber auf alle Fälle ist es schöner mit Andreas.

Andreas packt die Karre am Griff und schiebt los.

»Kommt Bette etwa auch mit?«, fragt Paule.

»Was hast du denn gedacht?«, sagt Andreas empört. »Die kann ich doch hier nicht so stehen lassen!«

Paule ist sich nicht sicher, dass das nun überhaupt noch geht. In den Filmen, in denen Kinder ausreißen, haben sie jedenfalls nie ein Baby dabei. Aber wenn er das jetzt sagt, kommt Andreas vielleicht nicht mehr mit. Und Paule weiß plötzlich genau, dass allein ausreißen schrecklich wäre.

Bette ist inzwischen eingeschlafen. Ihr Kopf baumelt zur Seite und der Mund steht ein bisschen offen. Da packt Paule seinen Ranzen auf ihren Bauch, damit er ihn nicht mehr tragen muss.

Gleich hinter der Schwimmhalle fängt die Feldmark an. Da gibt es plötzlich nur noch Feldwege und Autos dürfen nicht mehr fahren. Nur noch Trecker und Fahrräder. Und Pferde laufen da auch.

An den Wegen sind rechts und links Gräben, die sieht man im Sommer gar nicht, so zugewachsen sind sie. Aber jetzt im Frühjahr sind sie plötzlich voll Wasser. An einer Stelle rauscht es sogar. Man kriegt ein richtiges Frühlingsgefühl mit all den zwitschernden Vögeln und dem rauschenden Graben und den Büschen, die schon ein bisschen grün sind.

Paule ist froh, dass sie in die Feldmark ausgerissen sind. Andreas bestimmt auch.

»Wir bauen einen Staudamm«, sagt Andreas und lässt die Karre mitten auf dem Weg stehen. Da schläft Bette friedlich mit Paules Ranzen auf dem Bauch.

Paule findet die Idee gut. Zum Glück haben die Bauern gerade ihre Felder gepflügt und die Steine am Rand säuberlich gestapelt. Baumaterial haben sie also genug.

Es ist ein bisschen schwierig, sich nicht nass zu machen, und so ganz klappt es auch nicht. Vor allem in der Mitte vom Bach geht es überhaupt nicht mehr, ohne dass man ins Wasser steigt.

»Wenn man die Schuhe auszieht, ist es gar nicht so schlimm«, sagt Andreas und stellt sie auf dem Weg ab. »Und meine schönen löchrigen Socken auch, lebt wohl!«, sagt Andreas und stopft die Socken in die Schuhe, bevor er tapfer ins kalte Maiwasser steigt.

»Meine löchrigen Socken auch, lebt wohl!«, sagt Paule da auch, weil er schließlich schlecht draußen bleiben kann. Dabei sind seine Socken gar nicht löchrig, aber er findet, dass der Satz gut passt. Ausreißer haben Löcher in den Socken, das ist klar.

Genau in diesem Augenblick wacht Bette auf und fängt an zu schreien. Und wie fürchterlich sie schreit! Sie beugt ihren knallroten Kopf nach vorne und trommelt auf Paules Ranzen und sie sieht ganz schrecklich unglücklich aus.

»Was hat sie denn?«, fragt Paule, als Andreas aus dem Bach stürmt und sich über die Karre beugt. Seine Beine sind bis ziemlich hoch oben nass. Vielleicht hat es nicht

ganz gereicht, nur Schuhe und Strümpfe auszuziehen, denkt Paule.

»Weiß ich das?«, schnauzt Andreas ihn an und schaukelt die Karre hin und her. »Babys brüllen eben, und basta.« Und damit hat er recht. Er kann die Karre schaukeln und schieben und »Gugugu!« sagen und Grimassen schneiden – Bette brüllt weiter.

Paule ist ärgerlich. Er kriegt langsam kalte Füße und der halb fertige Staudamm fällt im Wasser allmählich in sich zusammen. Und da steht Andreas und kitzelt und schaukelt Bette, und Bette macht keine Anstalten, endlich still zu sein.

Es war doch falsch, die mitzunehmen, denkt Paule. Er hat es ja gleich gewusst.

»Sie hat Hunger«, sagt da Andreas. »Deshalb brüllt sie.« Paule hat noch ein Brot mit Cervelatwurst im Ranzen, vorhin ist es ihm wieder eingefallen. Eigentlich wollte er es aufheben für schlechte Zeiten, aber noch schlechtere Zeiten als jetzt mit einer brüllenden Bette können wohl kaum noch kommen. Er wird sein Wurstbrot opfern, damit Bette still ist.

»Ich weiß nicht, ob sie das darf«, sagt Andreas und sieht zweifelnd auf Paules Angebot. »Zu Hause kriegt sie nur Fläschchen und Babygläschen und so Zeugs.«

»Das darf sie«, sagt Paule entschieden, weil er findet, es wird Zeit, dass Bette aufhört zu brüllen. »Das ist gutes Brot und gute Wurst.«

Und dabei merkt er plötzlich, wie hungrig er selber ist. Aber Bette brüllt zu furchtbar.

»Zeig mal, was drauf ist«, sagt Andreas und nimmt Paule das Brot aus der Hand.

Und bevor Paule noch einen Ton sagen kann, hat Andreas das Brot aufgeklappt und sich die Wurst in den Mund gesteckt, beide Scheiben.

»Das darf Bette nicht essen«, sagt er zufrieden. »Aber ich.«

Und dann klappt er das Brot wieder zusammen und gibt es dem brüllenden Baby in die winzigen Fäuste.

»Halt!«, sagt Paule.

Aber wenigstens ist Bette jetzt still. Sie kaut und krümelt und sabbert und schiebt mit beiden Händen nach. Ihr Gesicht und ihr Anorak kleben voll Butter und zerkautem Brot, aber sie macht kleine zufriedene Grunzer dabei und das ist die Hauptsache.

»Dann können wir ja weiterbauen«, sagt Paule zu Andreas, der jetzt auch den letzten Rest Wurst heruntergeschluckt hat.

Aber Andreas schüttelt den Kopf und fängt an, sich Schuhe und Strümpfe anzuziehen.

»Bette braucht saubere Windeln«, sagt er. »Das ist so bei Babys. Was meinst du, wie die sonst erst brüllt, mein lieber Mann!«

Und damit krempelt sich Andreas auch noch die Hosen wieder nach unten und fängt an, die Karre nach Hause zu schieben.

»Aber wir wollten doch ausreißen!«, sagt Paule verzweifelt und läuft barfuß neben ihm her.

»Das muss doch nicht heute sein«, sagt Andreas energisch. »Du siehst doch, es passt heute schlecht, mit Bette und allem!« Und er schiebt die Karre noch schneller weiter. Bette hat inzwischen ihr Brot zerkrümelt und verzieht schon wieder bedenklich das Gesicht.

Paule bleibt stehen. Und das will ein Freund sein!

»Babysitter, Babysitter!«, ruft Paule wütend hinter ihm her. Aber Andreas hat es jetzt so eilig, dass er nicht mal zurückkommt, um Paule eine runterzuhauen. Bette brüllt nämlich wieder.

»Macht nichts«, sagt Paule und kickt so doll mit seinem bloßen Fuß gegen einen Stein, dass er ein bisschen weinen muss.

Aber lange weint Paule nicht. Er nimmt seine Schuhe in die rechte und den Ranzen in die linke Hand, und dann setzt er beides noch einmal ab, um mit Wucht einen großen Stein gegen den Staudamm zu pfeffern, dass auch der Rest noch zusammenkracht.

Dann geht Paule eben auch nach Hause.

Obwohl es natürlich noch sehr früh ist. Aber vielleicht hat Mama ja doch schon gemerkt, wie trostlos es ohne Paule ist. Und dass man ihn unmöglich wieder zurückgeben kann, auch wenn er manchmal schwindelt.

Vor der Tür steht Opas Fahrrad.

»Guck mal, der Paule!«, sagt Mama.

»Ich dachte schon, du wärst nach Australien ausgewandert.«

Und dabei wirft sie Paule einen Blick zu, der gar nicht sehr nett ist.

Wenn du wüsstest, denkt Paule. Wäre ich beinah auch. Aber er sagt: »Wir haben ein Wortdiktat geschrieben, das musst du unterschreiben.«

Jetzt muss es kommen, denkt Paule. Wenn Viktor recht hat, sagt sie jetzt, dass sie so ein Kind nicht will und dass er seinen Koffer packen kann. Aber vielleicht nimmt ihn Opa dann ja mit. Obwohl Opas Wohnung natürlich ziemlich klein ist. Es wird ganz schön eng werden mit Opa und Oma und ihm und all seinen Spielsachen.

»Soso, aha«, sagt Mama. »Ein Wortdiktat.«

Und sie guckt ihn so an, dass es schlimmer ist als Schimpfen und dass man sich wünscht, sie würde irgendwas sagen.

»Es ist auch nicht richtig schlecht geworden«, sagt Paule schnell und öffnet seinen Ranzen. »Da waren noch schlechtere.«

»So«, sagt Mama. »Na, das ist ja schön. Vor allem, wo du gestern noch gar nichts von dem Diktat wusstest, nicht?«

Oh, Mama kann so gemein sein. Sie weiß doch ganz genau, dass Paule gestern schon Bescheid wusste!

Und gerade da steckt Opa den Kopf um die Ecke.

»Hallo, Kollege«, sagt Opa. Er hat schon eine von seinen komischen Fahrradklammern um das linke Hosenbein geklemmt, das bedeutet, dass er gleich wieder fahren will.

»Von wegen, Kollege!«, sagt Mama. »Ein Lügenbeutel ist das, dein Kollege!«

Paule guckt Opa lieber gar nicht an. Mama sowieso nicht. Er überlegt lieber, welche Sachen er mitnehmen kann zu Opa, damit es in der Wohnung nicht zu eng wird.

»Der hat nämlich ein Diktat geschrieben«, sagt Mama, aber weiter lässt Opa sie gar nicht kommen.

»Furchtbare Sachen, Diktate«, sagt Opa mitleidig. »Wie oft ich früher schwindeln musste!« Und er nickt Paule verständnisvoll zu. »Ich habe sogar selber unterschrieben und es ist nicht aufgeflogen, so geschickt war ich«, sagt Opa, und er macht ein ganz zufriedenes Gesicht dabei.

»Leider war ich im Diktatschreiben nicht so geschickt

wie im Unterschreiben.« Und dann klemmt er sich die andere Fahrradklammer ans rechte Bein.

»Und?«, fragt Paule, denn das ist nun doch das Wichtigste an der ganzen Geschichte, wenn es auch komisch ist, sich Opa als kleinen Jungen vorzustellen. »Was hat deine Mutter gemacht, als sie es rausgekriegt hat?«

»Sie hat es nicht rausgekriegt, Gott sei Dank«, sagt Opa. »Sonst hätte sie mich durchgewalkt, aber tüchtig. Damals hat man die Kinder noch durchgewalkt, weißt du, Kollege. Die Zeiten sind ja heute zum Glück vorbei.«

Paule sieht Mama an und ist sich da gar nicht so sicher. Aber im Augenblick sieht Mama eher so aus, als würde sie Opa gern durchwalken. Der geht jetzt tatsächlich.

Und Mama sagt noch immer nichts. Dann fragt Paule lieber selber. »Willst du mich jetzt also nicht mehr behalten?« Und er sieht sie ganz böse an dabei.

»Will ich was?«, fragt Mama und guckt Paule verdutzt an.

»Ob du mich wegschicken willst«, sagt Paule, aber er merkt selber, dass es ziemlich dumm klingt, weil Mama und Papa bestimmt nie auf die Idee kommen würden, und das hat er eigentlich auch die ganze Zeit gewusst.

»Viktor hat gesagt, dass ihr vielleicht keinen Jungen haben wollt, der lügt«, sagt Paule deshalb schnell.

»So, das hat Viktor gesagt«, sagt Mama, und jetzt klingt ihre Stimme richtig ärgerlich. »Und du willst behaupten, du hast ihm das geglaubt, was?«

Und sie hebt Paules Gesicht am Kinn hoch und guckt ihn so an, dass Paule sich Mühe geben muss, nicht zu blinzeln.

»Ich glaube ja eher, dass du weggeblieben bist, weil du mir das von dem Diktat nicht erzählen wolltest«, sagt Mama und nimmt Paule jetzt doch in den Arm. »Aber damit das hier ein für alle Mal klar ist, wir geben dich noch viel weniger weg als Viktors Mutter den Viktor, überhaupt nie, und Schluss.«

»Überhaupt nie, was?«, sagt Paule zufrieden und fängt an, den Teller auszulöffeln, den Mama vor ihn hingestellt hat. »Egal, was ich mache.«

»Egal, was du machst«, sagt Mama und setzt sich zu ihm. »Außer, du redest weiter mit vollem Mund.«

Paule kichert. Eigentlich, denkt er, ist es gar nicht so schlecht, dass Viktor solchen Blödsinn geredet hat. Das Diktat hat Mama jedenfalls vergessen.

»Und jetzt wollen wir uns doch noch mal über dein Diktat unterhalten«, sagt Mama.

Paule seufzt. Vielleicht hätte er doch für immer ausreißen sollen.

Paule will aber kein Mädchen

Paule hat schon fast damit gerechnet,
dass es jetzt bald passiert.

Irgendwann im letzten Sommer hat
Papa mit ihm darüber gesprochen.

»Du möchtest doch ganz gerne noch Geschwister, Paule?«,
hat Papa gefragt.

»Einen Bruder«, hat Paule gesagt. Das muss schon klar
sein. So was wie Britta will er jedenfalls nicht.

»Man wird sehen«, hat Papa gesagt und Paule erklärt,
Mama und er würden dann also Bescheid sagen, dass sie
gerne noch ein Kind möchten.

Paule hat wieder vergessen, wie das heißt, wo sie Bescheid
gesagt haben. Es ist auch schon so lange her. Inzwischen
ist Paule in die Schule gekommen und ist im Fußballverein, und bei Andreas´ Mutter ist der Bauch immer dicker
geworden und Paule durfte mal die Hand darauflegen und
das Baby darin zappeln fühlen. Das Baby ist dann Bette
geworden.

Aber Paule hat noch immer keine Geschwister.

»Das dauert«, sagt Mama, wenn Paule fragt.

Dann kommt Paule abends vom Spielplatz und auf dem Tisch steht das Abendbrot, aber Mama läuft immer in der Küche auf und ab und Papa isst auch nicht, sondern trommelt mit den Fingern auf den Tisch. Dabei mag er es gar nicht, wenn Paule das tut.

»Es geht los mit Geschwistern, Paule«, sagt Papa.

Paule freut sich. Das ist ja wirklich mal eine schöne Neuigkeit. Vielleicht kommt sein Bruder sogar zu ihm in die Klasse! Das ist dann fast wie Zwillinge. Und in den Fußballverein auch. Dann soll sich noch mal einer trauen, sich mit ihm zu prügeln oder blöde Sachen zu sagen! Paule kann sich das alles schon richtig gut vorstellen.

»Wann kommt er?«, fragt Paule und knotet einen Schnürsenkel auf.

»Es ist ein kleines Mädchen«, sagt Mama. »Sie heißt Ulla.«

Ein Mädchen! Ein Mädchen will Paule nicht und das sagt er auch.

»Ich will lieber einen Bruder«, sagt Paule, und als Mama und Papa nicht antworten, sagt er noch: »Bitte.«

»Sie haben uns aber ein kleines Mädchen vorgeschlagen, Paule«, sagt Papa. »Sie heißt Ulla und ist fast ein Jahr alt. Morgen nach der Arbeit gehen Mama und ich ins Heim und besuchen sie.«

»Ich will aber kein Mädchen«, sagt Paule und wirft seinen Schuh in die Ecke, aber nicht so fest, damit es keinen Ärger gibt.

»Bitte, Paule«, sagt Mama. »Andreas hat doch auch eine Schwester bekommen, und der findet Bette doch auch nett, oder?«

Paule nickt ein bisschen. Klar findet Andreas Bette nett. Der ist ja sogar richtig albern mit ihr, immer mit seinem »Kille, kille« und »Backe Kuchen«, und sogar singen tut er für sie. Und dabei wäre es doch richtig toll gewesen, wenn Paule einen Bruder gekriegt hätte! Mit kleinen Mädchen kann man nicht viel machen.

»Kann die schon reden?«, fragt Paule vorsichtig.

Mama schüttelt den Kopf. »Ich glaube nicht«, sagt sie.

»Aber wenigstens laufen?«, fragt Paule.

Mama zuckt die Achseln. »Kann sein, Paule«, sagt sie. »Sonst lernt sie das sicher schnell.«

Das wird ja immer schöner! Erst ist es ein Mädchen und dann kann sie nicht mal reden und laufen. Was soll Paule dann mit ihr?

»Dann brauche ich gar keine Geschwister«, sagt Paule entschieden. »Ich kann mir Bette ja mal ausleihen.«

Aber Papa sagt, Paule soll nicht so unfair sein.

»Glaubst du, du konntest laufen, als wir dich geholt haben?«, fragt Papa. »Oder reden? So klein, wie du warst?«

Das stimmt nun auch wieder. Paule will nicht ungerecht sein. Er kann sich das Baby ja wenigstens mal ansehen.

Aber erst mal gehen Mama und Papa alleine Ulla angucken.

»Ein ganz putziges kleines Mädchen«, sagt Mama, als sie wiederkommen. »Aber richtig laufen kann sie tatsächlich noch nicht, Paule.«

»Hat sie eine Glatze?«, fragt Paule.

Mama schüttelt den Kopf.

So ein Glück! Paule hat sich schon immer gewundert, warum es Andreas nichts ausmacht, dass seine kleine

Schwester am Kopf aussieht wie ein alter Mann. Immer muss sie eine Mütze tragen, weil sonst der Kopf kalt wird.

»Wenn du willst, kannst du morgen mitkommen«, sagt Mama. »Schließlich hast du ja auch ein Wörtchen mitzureden.«

Paule ist fast ein bisschen aufgeregt, als es am nächsten Tag losgeht. Er hat sogar ein Geschenk für die Ulla eingesteckt von seinen eigenen Spielsachen.

»Lass mal gucken«, sagt Mama.

Paule ist nicht ganz sicher, was sie dazu sagen wird. Es ist seine kleine alte Feuerwehr, bei der leider die Leiter abgebrochen ist. Räder hat sie auch nicht mehr alle. Aber sonst ist sie noch ganz gut.

»Na, weißt du!«, sagt Mama, als Paule die Feuerwehr vorzeigt. »Ich dachte, die wäre längst auf dem Müll!«

Paule schüttelt den Kopf. »Wenn die noch so klein ist,

merkt sie das gar nicht«, sagt er überzeugt. Das weiß er
von Bette. Die spielt auch mit allem.

»Trotzdem«, sagt Mama. »Irgendwie ist es nicht sehr nett.
Willst du nicht noch schnell was anderes raussuchen?«
Aber Paule will nicht. Das wäre Vergeudung, wenn man
der was Heiles mitbringen würde, wo sie sich bestimmt
auch über die Feuerwehr freut! Bette findet sogar Koch-
löffel gut.

»Ja, dann«, sagt Mama, und sie fahren los.
Im Heim gibt es ziemlich viele kleine Kinder. Man kann
nicht sehen, ob es Jungs oder Mädchen sind, sie sehen alle
gleich aus.

94

Die Ulla wohnt mit drei anderen Kindern in einem Zimmer.

»Das ist sie«, sagt Mama, als sie die Tür aufmacht.

Sie hat tatsächlich Haare. Eine ganze Menge sogar. Aber trotzdem ist sie falsch, das sieht Paule auf den ersten Blick.

»Die ist ja weiß!«, ruft Paule und hält seine Feuerwehr in der Tasche fest.

Mama sieht ihn ganz komisch an.

»Hattest du gedacht, sie wäre braun?«, fragt sie und legt eine Hand auf Paules Schulter.

Paule weiß das nicht so genau. Er hat nicht darüber nachgedacht. Aber wenn sie doch seine Schwester werden soll? Irgendwie muss sie doch wenigstens aussehen wie er, wenn sie schon ein Mädchen ist.

»Das tut mir leid, Paule«, sagt Mama. »Aber findest du sie nicht trotzdem nett?«

Paule schüttelt den Kopf. Sie sieht genauso aus wie Bette, wie sie mit ihrem Bauklotz an die Fensterscheibe klopft. Die kriegt nicht mal seine Feuerwehr.

Mama sieht ein bisschen traurig aus.

»Vielleicht spielst du mal mit ihr?«, schlägt sie vor.

Aber das will Paule wirklich nicht. Wozu auch? Er weiß sowieso, dass er dieses Baby nicht will.

»Wir könnten sie umtauschen«, sagt Paule.

»Kinder tauscht man doch nicht um«, sagt Mama und will Paule in den Arm nehmen. Aber der macht sich ganz steif und kneift die Lippen zusammen.

Dabei haben die doch gesagt, er hat ein Wörtchen mitzureden!

»Dann brauche ich ja gar nicht hier sein!«, sagt Paule und geht aus dem Zimmer. Auf dem Weg tritt er noch ein bisschen gegen ein Holzauto.

Die Kinderzimmer haben alle Fenster zum Flur, durch die man die Kinder sehen kann. Vielleicht findet Paule da doch noch einen Bruder für sich? Jedenfalls kann er ja mal gucken.

Aber es gibt überall nur weiße Kinder und alle sind klein. Ein Baby ist ein bisschen brauner und hat schräge Augen. Paule macht vorsichtig die Tür auf.

»Na, du?«, sagt er probeweise, aber da fängt das Baby an zu brüllen, dass Paule gleich wieder geht. Das ist ja noch schlimmer als die Ulla!

Plötzlich steht eine Kinderschwester vor ihm. Dass es eine Kinderschwester ist, sieht Paule daran, dass sie einen hellgrünen Kittel anhat und so eine komische Haube auf dem Kopf.

»Was machst du denn da?«, fragt die Schwester.

96

Paule sagt nichts. Er kann doch schlecht erklären, dass er das Baby ausprobieren wollte!

»Och«, sagt Paule und guckt auf seine Füße.

»Bist du vielleicht der neue Bruder von der Ulla?«, fragt die Schwester und geht ein bisschen in die Knie, damit sie nicht so viel größer ist als Paule.

Paule mag das gar nicht. Er kann ganz gut zu ihr hochgucken.

Dann fällt ihm etwas ein. »Habt ihr auch große Jungs hier?«, fragt Paule. »Braune?«

Vielleicht gibt es ja noch andere Zimmer! Das wäre doch zu ärgerlich, wenn sie das Mädchen mitnehmen, und dabei hätte es auch Jungs gegeben!

Die Schwester sieht ein bisschen verwirrt aus. Dann schüttelt sie den Kopf.

»Leider nicht«, sagt sie und macht sich wieder gerade. »Wir haben hier nur die Kleinen. Gefällt dir die Ulla denn nicht?«

Paule schüttelt den Kopf. »Nicht so gut«, sagt er und geht langsam zu Ullas Zimmer zurück.

Mama ist froh, dass er kommt. Sie stopft ihm das T-Shirt in die Hose, und dann sagt sie, dass sie noch zur Heimleiterin muss.

»Möchtest du mit?«, fragt Mama.

Paule möchte nicht. Das weiß er schon, wie so Gespräche sind, bei denen man ganz ruhig bleiben muss und nicht mal den Briefbeschwerer vom Schreibtisch nehmen darf oder im Zimmer wandern.

»Nein, danke«, sagt Paule. Da bleibt er lieber hier.

Paule stellt sich ans Fenster und sieht nach draußen. Sie haben einen Rasen und eine Sandkiste für die Babys. Das hatte Paule früher auch. Man könnte sie für die Ulla wieder aufbauen.

Paule guckt sie sich noch einmal genau an. Sie hat wirklich viel mehr Haare als Bette, das steht fest. Einem anderen Baby hat sie den Stoffhund weggenommen und jetzt schüttelt sie ihn und lacht.

»Das tut man nicht«, sagt Paule strafend und gibt dem anderen Baby den Hund zurück.

»Gau-gau-gau!«, sagt Ulla und zieht sich an seinen Hosenbeinen hoch. Sie lacht sogar.

Paule macht sich ganz steif.

Da steckt Mama den Kopf durch die Tür.

»Wir können jetzt gehen, Paule«, sagt sie.

Paule setzt Ulla auf den Boden und geht hinter Mama her.

An der Haustür dreht er sich noch einmal um.

»Moment!«, ruft Paule und läuft zurück.

Die Ulla sitzt auf dem Boden und haut dem Hund einen Bauklotz auf den Kopf.

»Da«, sagt Paule und zieht die Feuerwehr aus der Tasche.

»Gau!«, sagt die Ulla und lässt den Bauklotz fallen. »Gau-gau-gau!«

»Das ist eine Feuerwehr«, sagt Paule. »Feu-er-wehr!«

»Gau!«, sagt die Ulla und steckt sie in den Mund. »Gau-gau!«

Paule steht auf.

»Das lernst du auch noch«, sagt er tröstend und dreht sich um.

Jedenfalls hat sie Haare, denkt er.

Ulla ist schon längst zu Hause

Mit der Ulla kann man wirklich nicht viel anfangen. Sie kann überhaupt nichts alleine, nicht mal essen und trinken, und Windeln braucht sie auch den ganzen Tag. Mama hat jetzt viel weniger Zeit für Paule, aber sie sagt, dass sie ihn trotzdem noch genauso lieb hat.

Zu Anfang hat Paule gedacht, dass es dumm war, die Ulla zu nehmen, wo sie nichts als Arbeit macht, aber jetzt will er sie doch lieber behalten. Wenn er aus der Schule kommt, krabbelt sie ganz schnell zu ihm hin und lacht.

»Sie freut sich, dass du wieder da bist«, sagt Mama. »Ich auch.«

Dann setzt sich Paule zu Ulla auf den Boden und kitzelt sie am Kinn. Sie kann ja nichts dafür, dass sie noch so klein ist. Man muss gut auf sie aufpassen.

Aber an diesem Mittag ist es anders. Mama hat ein Handtuch um den Kopf und Ulla sitzt in ihrem Hochstuhl und

brüllt. Auf dem Esstisch stehen umgekippt die Küchen-
stühle und der Fußboden ist ganz nass und sauber.

»Paule«, sagt Mama. »Frau Resemann kommt.«

Wer Frau Resemann ist, weiß Paule schon lange. Sie ist
Sozialarbeiterin, und sie muss gucken, ob die Ulla es auch
gut hat, sonst nimmt sie sie wieder mit.

»Oh«, sagt Paule.

»Ich muss unbedingt noch putzen«, sagt Mama und nimmt
Ulla auf den Arm. »Hier sieht es aus wie im Schweine-
stall.«

»Ja?«, sagt Paule. Er findet, dass es aussieht wie immer.

»Der Ulla ist ein bisschen Schmutz aber bestimmt ganz
egal.«

»Aber Frau Resemann vielleicht nicht«, sagt Mama.
»Kleine Kinder müssen es hygienisch haben. Das heißt
sauber.«

Paule nickt. Mama wird es schon wissen. Als er klein war,
ist Frau Resemann auch immer gekommen.

»Ist sie ein Biest?«, fragt Paule. Sonst weiß er nicht, warum Mama plötzlich sauber macht.

»Ich glaube nicht«, sagt Mama. »Bestimmt macht es ihr
auch nicht viel Spaß, immer zu anderen Leuten zu gehen,
die sie eigentlich gar nicht haben wollen.«

Paule versteht. Das muss schlimm sein.

»Aber warum hast du dann Angst vor ihr?«, fragt er.

Mama zuckt die Achseln.

»Man kann eben nie wissen«, sagt sie. »Sie kann ja auch mal schlechte Laune haben und dann macht sie uns vielleicht Ärger.«

Das versteht Paule gut. Wenn Mama schlechte Laune hat, macht sie ihm auch immer Ärger.

»Sie kommt in einer Stunde«, sagt Mama. »Halt mir die Ulla so lange vom Leib, bitte, Paule. Ich setze sie dir in die Karre und ihr schiebt ein bisschen durch die Feldmark.«

Paule nickt. Er hat überhaupt keine Lust, aber Mama sieht so aufgeregt aus.

»Klar«, sagt Paule.

»Und, Paule«, sagt Mama, »benimm dich, wenn Frau Resemann da ist. Sonst denkt sie noch, wir können keine Kinder erziehen.«

Nun ist Paule aber wirklich beleidigt. Als ob er das nicht selbst wüsste! Sowieso benimmt er sich oft ziemlich gut, wenn Besuch da ist.

»Weiß ich doch«, sagt Paule und holt sich nur schnell was zu trinken aus dem Kühlschrank. »Höflich sein.«

»Genau«, sagt Mama. »Und vorher noch die Knie waschen. Die sehen erbärmlich aus.«

In der Feldmark ist es langweilig. Die Ulla schläft gleich
ein und die Karre ist auch ziemlich schwer zu schieben.
Da geht Paule lieber mal kurz zum Spielplatz.
Auf dem Spielplatz stehen drei Bänke, die sind für die Müt-
ter gedacht. Aber Mütter hat Paule hier noch nie gesehen.
Auf der ersten Bank sitzen immer die großen Jungs auf
der Lehne und rauchen, und zwei Bänke weiter sitzen die
Mädchen und manchmal rauchen sie auch, und manch-
mal tun sie so, als ob sie die Jungs gar nicht sehen.
»Du liebe Zeit«, sagt Papa, wenn er mit Paule vorbeigeht.
»Zu denken, dass ich mal genauso war!«
Paule findet den Gedanken auch komisch. Wahrscheinlich
hatte Papa damals noch mehr Haare. Aber ein Mofa hatte
er nicht und das haben auf dem Spielplatz die meisten.

Heute rauchen die Mädchen auch und Britta sitzt dabei und sieht Paule böse an.

»Na?«, sagt Paule und schiebt die Karre zu ihr hin. Die anderen kennt er nicht so gut.

»Hau ab«, sagt Britta, und Paule sieht, dass sie sich die Augen ganz fremd geschminkt hat. »Zieh Leine!«

Paule versteht nicht, warum sie so unfreundlich zu ihm ist.

»Pöh!«, sagt er. »Ich kann hier genauso sein wie du!« Und er hält den Griff ganz fest, weil er sich so sicher fühlt und nicht so alleine. Eigentlich will er gar nicht mehr hierbleiben, wenn Britta so gemein zu ihm ist und die anderen alle lachen, aber ein bisschen muss er noch warten. Die sollen nicht denken, er geht, weil sie das wollen.

»Wohl dein Freund, was?«, sagt ein großer Junge zu Britta und tritt seine Zigarette mit dem Fuß aus. »Starker Typ, der Bimbo, echt!«

Dann lachen sie alle und Paule wird ganz zitterig vor Wut, und Britta springt von der Bank und geht drohend auf ihn zu. Paule muss nun doch die Karre loslassen und ein paar Schritte zurückgehen und dann gleich noch ein paar, weil Britta immer näher kommt und so aussieht, als wollte sie ihn verprügeln.

»Zisch ab!«, sagt sie, und sie sieht überhaupt nicht mehr

aus wie die Britta, mit der er manchmal Malefiz spielt.
»Aber dalli!«

Die Jungs auf der Bank lachen weiter, und da tritt Paule
Britta einfach ganz schnell gegen das Schienbein, und dann
wetzt er los, damit sie ihn nicht einholt. Zuerst hört er sie
hinter sich schnaufen, aber Paule kann wirklich ziemlich
gut rennen, und Britta hat auch so erwachsene Schuhe an,
dass das Schnaufen hinter ihm bald aufhört.

Vorsichtshalber rennt Paule noch ein bisschen weiter und
dann dreht er sich um, aber Britta ist weit und breit nicht
zu sehen. Vielleicht ist sie hingefal-
len, denkt Paule zufrieden. Vielleicht hat sie sich ein Bein

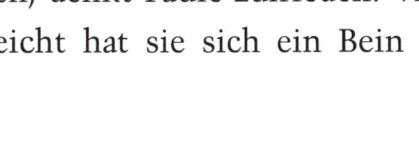

gebrochen oder einen Arm. Aber so was darf man nicht denken. Sonst passiert es noch wirklich und Paule ist schuld.

Schrecklich ist, dass Paule die Ulla zurückholen muss. Er kann sie ja nicht so allein auf dem Spielplatz lassen.

Paule wird es ganz schlecht. Wenn die jetzt wieder über ihn lachen oder blöde Sachen sagen? Dann will er am liebsten tot sein.

Aber vielleicht verprügeln sie ihn auch und dann schreit er einfach ganz laut. Dann kommt ein Erwachsener aus den Häusern und hilft ihm. Erwachsene nehmen mittelgroße Kinder wie Paule immer gegen große Kinder in Schutz. Vor allem, wenn die großen Kinder rauchen.

Nur wenn sie über einen lachen, darf man nicht um Hilfe schreien. Lachen finden die Erwachsenen nicht so schlimm.

Als er auf den Spielplatz kommt, ist keiner mehr da und am Zaun lehnt kein Mofa. Paule seufzt. So viel Glück, denkt er.

Auch die Mädchen sind weg. Und Ulla auch.

Ulla ist auch weg! Ihre Karre steht nicht mehr neben der Sandkiste, und Paule braucht sich nur umzugucken, um zu sehen, dass sie auch nicht hinter der Schaukel steht oder unter der Rutsche oder am Kletterturm.

Trotzdem guckt Paule noch mal zwischen den Büschen
nach und dann läuft er den Weg nach rechts hoch und
nach links und zum Schluss bis ganz in die Feldmark.
Aber die Ulla ist weg. Die Ulla ist entführt worden.
Paule kennt das aus dem Fernsehen. Leute nehmen Eltern
ihre Kinder weg, und dann verlangen sie Geld dafür, dass
sie sie zurückgeben. Das ist nun doch ziemlich schlimm.
Papa wird ganz schön ärgerlich sein. Er sagt sowieso immer, Kinder sind eine teure Anschaffung, und Paule ist
sich nicht so sicher, ob er noch mal für die Ulla
zahlen will. Aber vielleicht gibt Opa
was dazu.

Jedenfalls muss man gleich der Polizei
Bescheid sagen, damit das Telefon ab-
gehört wird. Das macht man so. Es ist
natürlich alles ziemlich schrecklich,
aber doch auch sehr aufregend. Paule
hat nicht gewusst, dass solche Sachen
wirklich passieren und nicht nur im
Fernsehen oder in einem Land, das
Amerika heißt und sowieso furchtbar
weit weg ist.
Und dann fällt es Paule ein. Frau
Resemann! Die darf bestimmt nicht

erfahren, dass die Ulla entführt ist. Sonst denkt sie, Mama und Papa können nicht auf ihre Kinder aufpassen. Entführen ist bestimmt noch schlimmer als unhygienisch oder schmutzige Knie oder unhöflich sein.

Man muss für Frau Resemann eine Geschichte erfinden, warum sie die Ulla jetzt nicht sehen kann, denkt Paule. Und dass sie gleich geht. Damit man die Polizei anrufen kann.

Paule seufzt. Es ist ganz schön schwierig. Aber ein bisschen hat er natürlich auch Schuld. Vielleicht hätte er nicht weglaufen sollen. Aber dann hätte Britta ihn verprügelt, und wie seine Knie dann ausgesehen hätten, will er sich lieber gar nicht vorstellen. Oder der Rest von ihm. Für Frau Resemann wäre das jedenfalls nichts zum Angucken gewesen.

»Ach, da ist ja auch unser Großer«, sagt Mama und schiebt Paule ins Wohnzimmer. Ihre Stimme klingt dabei ganz freundlich, aber ihr Gesicht ist im Flur noch richtig böse. Die Stimme ist für Frau Resemann, das Gesicht ist für ihn.

»Guten Tag«, sagt Frau Resemann. Sie ist ziemlich dick, findet Paule. Aber richtig gefährlich sieht sie nicht aus. »Du bist aber gewachsen.«

Paule nickt. »Ja, sehr«, sagt er. Etwas Höflicheres fällt ihm nicht ein.

»Und?«, fragt Frau Resemann. »Wie gefällt es dir jetzt mit einer Schwester?«

Paule möchte Mama gerne warnen, dass sie nicht fragt, wo die Ulla denn überhaupt ist, aber Mama ist auch von alleine still. Das ist komisch.

»Gut, danke«, sagt Paule und weiß nicht genau, ob er sich hinsetzen soll oder nicht. »Ich wollte sowieso keinen Bruder.«

»Das ist ja schön«, sagt Frau Resemann. »Und die Ulla freut sich bestimmt auch darüber, dass sie so einen netten großen Bruder hat.«

Jetzt darf Mama nur nicht fragen, wo der nette große Bruder die Ulla denn eigentlich gelassen hat. Man muss höflich weiterreden, damit sie sich nicht einmischt, sonst ist alles umsonst. Aber man darf nichts Falsches sagen.

»Es ist sehr hygienisch bei uns«, sagt Paule, aber Frau Resemann guckt ihn so erstaunt an, dass man gleich sieht, sie kennt das Wort nicht, und darum sagt Paule noch schnell: »Der Fußboden ist sauber.«

Da kann sie ja gerne nachgucken, denkt Paule. Man könnte fast glauben, Frau Resemann muss lachen. Obwohl sie doch eine Sozialarbeiterin ist. Und es ist schon merkwürdig, dass sie noch gar nicht gefragt hat, wo die Ulla ist.

»Die Ulla«, sagt Paule deshalb und sieht Mama verschwörerisch an, »ist übrigens nämlich bei der Oma.«

Er hat sich das auf dem Weg überlegt. Keiner kann merken, dass es nicht stimmt.

»Die Ulla«, sagt Mama da, und Paule sieht gleich, dass sie jetzt alles wieder kaputt macht, »liegt oben in ihrem Bett und schläft. Britta hat sie nämlich hergebracht«, sagt Mama, und Paule weiß plötzlich, dass sie bestimmt noch mit ihm reden wird, wenn Frau Resemann gegangen ist, und sicher nicht besonders freundlich.

»Und du setzt dich jetzt besser mal an deine Hausaufgaben.«

Paule nickt und gibt Frau Resemann wieder die Hand.

Er würde gerne wissen, wie viel Geld Britta für die Ulla verlangt hat und ob Mama es ihr gegeben hat.

Paule hat nicht nur Geburtstag

Alle Kinder haben Geburtstag, aber Paule hat auch noch Ankunftstag.

Das ist der Tag, an dem Mama und Papa ihn als Baby aus dem Heim geholt haben. Leider liegen Paules Geburtstag und Ankunftstag ganz dicht zusammen, deshalb gibt es am Ankunftstag auch keine Geschenke.

»So bald nach deinem Geburtstag schon wieder Geschenke?«, sagt Papa, wenn Paule einfällt, dass er zum Geburtstag noch etwas zu wünschen vergessen hat, das er am Ankunftstag gut kriegen könnte. »Da werden wir ja arm.«

Paule findet, dass sie ihn dann ja ruhig ein bisschen später hätten holen können. Dann wäre der Abstand zum Geburtstag vielleicht groß genug gewesen für neue Geschenke.

So gibt es nur Kaffee und Kuchen und Oma und Opa kommen zu Besuch und sie spielen alle möglichen Spiele. Einmal waren sie auch im Zoo und auf dem Fernsehturm und im letzten Jahr sogar auf dem Flughafen. Und Opa vergisst das mit den Geschenken zum Glück sowieso immer.

»Ach, herrjemine!«, sagt er erschrocken, wenn Paule das Geschenkpapier abreißt und Mama sagt, dass Paule zum Ankunftstag doch wirklich nicht wieder etwas braucht, wo er doch schon zum Geburtstag so viel gekriegt hat.

»Daran habe ich nun wirklich nicht mehr gedacht! Du musst bedenken, ich werde alt, da funktioniert das Gedächtnis nicht mehr so«, sagt Opa bekümmert. »Aber im nächsten Jahr wollen wir es bestimmt nicht vergessen. Keine Geschenke für Paule zum Ankunftstag, daran muss Oma mich erinnern.«

Und dabei zwinkert er Paule zu, dass der denkt, wenn er Glück hat, ist Opas Gedächtnis im nächsten Jahr immer noch schlecht.

Dann trinken die Erwachsenen erst mal Sekt, weil sie das bei Paules Ankunft auch getan haben, und Andreas kommt durch den Garten und kriegt Kuchen ab und guckt sich Paules Geschenke an.

»Das ist ungerecht«, sagt Andreas. »Ich hab nur Geburtstag und du hast zweimal im Jahr was.«

»Aber am Ankunftstag gibt's keine Geschenke«, sagt Paule. Er will nicht, dass Andreas neidisch ist.

»Quatsch«, sagt Andreas und dreht den Propeller an Paules neuem Flugzeug. »Dein Opa vergisst das sowieso immer.«

Das stimmt. Paule kann Andreas schon verstehen. »Wenn man katholisch ist, hat man auch zwei Tage was Besonderes«, sagt Paule deshalb. Jedenfalls ist er nicht der Einzige, auf den Andreas neidisch sein muss.

»Katholisch?«, fragt Andreas. »Was ist das?«

Das weiß Paule auch nicht so genau. »Irgendwas mit Kirche«, sagt er.

»Und die haben auch alle Ankunftstag?«, fragt Andreas interessiert.

Paule schüttelt den Kopf. »Es heißt Namenstag«, sagt er. Das weiß er von Janne. Bei ihr zu Hause sind viele Leute katholisch und haben Namenstag. »Aber man kriegt auch Geschenke und so.«

Andreas nickt. »Ich werde auch katholisch«, sagt er.

Paule überlegt, ob er auch soll, aber dann hat er sogar drei Tage im Jahr und Andreas ist vielleicht wieder neidisch. Da lässt er es lieber bleiben, Geburtstag und Ankunftstag reichen auch, wo es sowieso noch Weihnachten gibt.

»Dann schenk ich dir immer was zum Namenstag«, sagt Paule.

Aber Andreas kommt nicht auf die Idee, dass er Paule dann ja auch was zum Ankunftstag schenken könnte. Das ist schade.

Diesmal kann Paule am Abend vor dem Ankunftstag nicht einschlafen.

Er probiert es auf dem Rücken und auf dem Bauch und auf beiden Seiten, aber in seinem Kopf ist alles noch so wach, dass er sich nicht denken kann, wie das mit dem Einschlafen klappen soll. Da geht er lieber noch mal nach unten.

Papa muss noch arbeiten, deshalb ist Mama allein im Wohnzimmer. Sie sitzt auf der Couch und strickt mit vielen Farben und auf dem Tisch liegt ein Strickmuster und vorne läuft leise der Fernseher. Typisch, denkt Paule. Aber ich darf nie.

»Ich kann nicht einschlafen«, sagt Paule und blinzelt und hält mit der rechten Hand die Schlafanzughose fest. Das Gummi sitzt nicht mehr so ganz stramm. Mama seufzt ein bisschen und schaltet mit der Fernbedienung den Fernseher aus. »Hast du versucht, an gar nichts zu denken?«, fragt sie.

Paule nickt. Er möchte wirklich mal wissen, wie sie sich das vorstellt. Wenn *er* nicht mehr denkt, denkt es in seinem Kopf immer von ganz alleine weiter.

»Und Schafe gezählt?«, fragt Mama, aber ihre Stimme klingt schon so, als ob sie gleich aufgibt.

Paule nickt wieder, obwohl er das nun ganz bestimmt nie versuchen würde. Er kann sich nicht vorstellen, warum man ausgerechnet bei Schafen einschlafen soll.

»Dann bleib eben noch ein bisschen bei mir sitzen«, sagt Mama. »Aber nicht toben.«

Paule nickt. Er setzt sich neben Mama auf die Couch und sieht sich das Strickzeug an. Es ist ziemlich bunt. Er weiß nicht, ob er das so gerne anziehen will, wenn es fertig ist. Mama sagt gar nichts und guckt nur zwischendurch mal auf das Muster auf dem Tisch und stöhnt. Paule versteht

nicht, warum sie immer so viel strickt, wenn sie es doch so schrecklich findet. Er mag gekaufte Pullover sowieso lieber.

»Weißt du was?«, fragt Paule. Jetzt muss er doch darüber reden.

Mama schüttelt den Kopf. Sie sagt nichts, aber an ihren Lippen sieht man, dass sie Maschen zählt.

»Viktor sagt, seine Mutter hat gesagt, meine erste Mutter war – so 'ne schlechte Frau«, sagt Paule. Er hat das Wort vergessen, das Viktor wirklich gesagt hat, aber es hat nicht nett geklungen. Paule will gar nicht mehr wissen, wie es hieß.

Mama hört auf zu zählen. »Viktors Mutter, was?«, fragt sie. »*Die* weiß natürlich Bescheid.«

Paule sieht, dass sie böse ist. Ihre Augen werden dann so anders und die Lippen werden ganz schmal.

»Aber Viktor sollte mir das gar nicht sagen«, sagt Paule schnell. »Ich musste ihm auch mein Ehrenwort geben, dass ich es euch nicht weitererzähle.«

Es ist natürlich nicht richtig, sein Ehrenwort zu brechen, und deshalb hat Paule Mama und Papa zuerst ja auch nichts davon gesagt. Aber wo er jetzt nicht einschlafen kann, ist es anders. Mama darf nur mit Viktors Mutter nicht darüber sprechen.

Mama spricht auch jetzt nicht. Sie hat aufgehört zu stricken und rollt ganz langsam die Wollknäuel auf, damit die Fäden sich nicht verheddern.

»Und was hat Viktor noch gesagt?«, fragt sie.

Paule überlegt. »Dass sie eben schlecht ist«, sagt er. »Eine richtige Mutter gibt ihr Kind nicht weg, lieber ist sie tot, sagt Viktors Mutter.«

Mama nickt. »Meistens ist das ja auch so«, sagt sie. »Meistens freut sich eine Frau auch ganz riesig, wenn sie hört, dass sie ein Baby kriegt, auch wenn sie es vielleicht noch gar nicht eingeplant hatte. Und der Vater freut sich mit und die Großeltern und vielleicht auch noch Geschwister.«

»Wie bei Bette«, sagt Paule, weil er daran denken muss, wie sie da alle auf das Baby gewartet haben. Er auch.

»Ja«, sagt Mama. »Und alle helfen mit, wenn das Baby da ist. Der Vater verdient das Geld, um Windeln und Essen und Strampelhosen zu kaufen, und manchmal kommt vielleicht die Oma, um auf das Baby aufzupassen, damit die Mutter sich auch mal ausruhen kann. Ein Baby macht doch schrecklich viel Arbeit und schreit nachts viel. Zu Anfang braucht ein Baby eigentlich viele Leute, die sich freuen, dass es da ist.«

Paule nickt. Das ist ja klar. Das sieht man schon bei der Ulla.

»Aber manchmal«, sagt Mama, »passiert es eben, dass eine Frau ein Baby erwartet, bei der alles viel schwieriger ist, weißt du? Vielleicht ist der Vater von dem Kind nicht mehr da, weil sie sich nur kurze Zeit lieb gehabt haben, aber dann haben sie vielleicht gemerkt, dass sie doch nicht zueinander passen. Und die Frau weiß auch gar nicht, wo sie nach ihm suchen soll.«

»Vielleicht in Somalia«, sagt Paule. Aber das wäre natürlich ziemlich weit weg.

»Und vielleicht ist die Frau auch sonst ganz alleine und hat niemanden, der ihr hilft«, sagt Mama. »Oder sie ist krank und kann sich gar nicht um ihr Baby kümmern. Und vielleicht ist sie auch noch ganz jung, gar nicht viel älter als Britta vielleicht, und sie hat Angst davor, plötzlich eine Mutter zu sein, wo sie doch selbst fast noch ein Kind ist.«

»Das geht ja gar nicht«, sagt Paule. Er stellt sich vor, dass Britta plötzlich ein Baby kriegt. So blöd, wie die ist. Da könnte einem das Baby ja richtig leidtun.

»Das geht schon«, sagt Mama. »Wenn Mädchen ein bisschen älter sind als Britta, dann könnten sie meistens schon Babys kriegen. Guck, und wenn all diesen Frauen dann niemand hilft, dann ist es für sie ganz schwer, ihr Baby großzuziehen. Vielleicht müssten sie es zu Anfang sogar in ein Heim geben. Und dann denkt so eine Mutter vielleicht, ihr Kind soll es besser haben, als es das bei ihr haben kann, dass es eine Familie kriegt, die sich darüber freut und viel Zeit für das Baby hat. Und weil sie eben möchte, dass ihr Kind es gut hat, sagt sie dann, dass es andere Eltern bekommen kann, so Leute wie wir, die gerne ein Kind haben möchten, aber selbst keins kriegen können.«

Paule lehnt seinen Kopf gegen Mamas Arm. »Weil sie will, dass ihr Baby es gut hat?«, fragt er.

Mama nickt.

»Aber wenn sie es doch lieb hat?«, fragt Paule. »Dann gibt sie es doch nicht weg?«

Das kann Paule nicht verstehen. Er würde die Ulla ja auch nicht mehr weggeben.

»Die hat ihr Baby dann bestimmt gar nicht *richtig* lieb«, sagt Paule. »Das sagt Viktors Mutter auch. Wenn man ein Kind lieb hat, gibt man es nicht weg.«

Mama schüttelt den Kopf. Sie legt ihren Arm um Paules Schulter, sodass sie es richtig schön kuschelig haben, und sie schiebt sich auch ein Kissen unter den Kopf.

»Viktors Mutter versteht das nicht so«, sagt Mama, aber sie klingt nicht böse dabei. »Viele Leute verstehen das nicht. Weil es ihnen immer so gut gegangen ist, dass sie sich keine Gedanken darüber machen mussten, ob ihr Baby es bei ihnen auch gut haben würde und wie sie selber damit fertigwerden sollten. Weil sie immer genug Geld hatten und gesund waren und alles. Aber diese anderen Frauen, bei denen es schwieriger ist, die geben ihr Kind vielleicht gerade zu anderen Eltern, *weil* sie es so lieb haben. Weil sie wollen, dass es ihm gut geht.«

Das ist schwierig, aber ein bisschen versteht Paule es schon. Für so eine Mutter muss es dann aber doch ziemlich schrecklich sein.

»Und dann ist die Mutter ganz traurig«, sagt Paule.

Mama nickt. »Ich denke schon, ja«, sagt sie und drückt Paule ein bisschen.

Darüber hat Paule noch nie nachgedacht, dass seine erste Mutter vielleicht unglücklich war, als sie ihn weggegeben hat.

»Meinst du, sie ist immer noch traurig?«, fragt er. Das wäre nicht gerecht. Wo es Paule gut geht und Mama und Papa auch, soll für seine erste Mutter auch alles in Ordnung sein.

Mama überlegt. »Manchmal vielleicht«, sagt sie. »Aber sie weiß ja, dass du Eltern gekriegt hast, die sich über dich gefreut haben, und sie denkt sicher, dass alles ganz okay ist mit uns. Ich hoffe, sie ist nicht mehr oft traurig.«

Das hofft Paule auch. Eigentlich möchte er sie jetzt ganz schnell mal kennenlernen. Dann könnte er sie zur Not trösten.

»Wir können sie suchen«, sagt Paule.

Mama schüttelt den Kopf. »Jetzt noch nicht«, sagt sie. »Wenn du älter bist. Jetzt ist das alles noch nicht lange genug her und vielleicht möchte sie gar nicht gerne daran erinnert werden. Oder sie will nicht, dass andere Leute davon erfahren, weil sie dann so schlecht von ihr denken wie Viktors Mutter.«

Das versteht Paule. »Aber später?«, fragt er.

»Ehrenwort«, sagt Mama. »Und wenn es ihr auch recht ist, finden wir sie bestimmt.«

Das ist gut, denkt Paule. Es ist ganz gemütlich in Mamas Arm, obwohl sie nicht so weich ist wie Oma. Er braucht gar nicht mehr darüber nachzudenken, wie er seine Gedanken abschalten soll. Die schalten sich gerade von ganz alleine ab.

Nur als Mama ihn die Treppe rauf in sein Bett trägt, wacht er noch mal ein winziges bisschen auf. Eigentlich kann es einem leidtun, dass Viktors Mutter so wenig versteht.

Am nächsten Morgen ist Ankunftstag. Es gibt schon zum Frühstück Kuchen, und Papa erzählt noch mal, wie sie Paule damals aus dem Heim geholt haben, und an manchen Stellen erzählt Paule mit.

Andreas holt ihn zur Schule ab und sagt, dass er nun doch nicht katholisch werden darf.

»Meine Mutter sagt, so was tut man nicht nur für Geschenke«, sagt er finster. »Ich soll mich schämen.«

Das versteht Paule nicht. Andreas´ Mutter ist manchmal schon komisch.

Am Nachmittag kommen Oma und Opa. Opa hat einen Blumenstrauß für Mama mit.

»Herzlichen Glückwunsch, mein Mädchen«, sagt er. Das

sagt er jedes Jahr. Opa findet, dass man zum Ankunftstag nicht Paule gratulieren muss, sondern Mama und Papa, weil sie so einen prächtigen Sohn gekriegt haben. Das findet Paule auch.

»Na?«, sagt Paule, als Opa seine Mütze an den Haken gehängt hat.

Vielleicht haben sie diesmal wirklich kein Geschenk mitgebracht. Kann ja sein, dass Mama noch mal angerufen hat, um sie zu erinnern, dass es am Ankunftstag nichts geben soll.

»Na, Kollege?«, sagt Opa auch und zwinkert. »Wie geht´s?«

»Gut«, sagt Paule. Es muss schon ein sehr kleines Geschenk sein, zu sehen ist jedenfalls nichts. Und nach

Geschenken fragen soll man nicht. Schon gar nicht am Ankunftstag.

»Wie schön«, sagt Opa und sieht so aus, als wenn er sich gleich an den Kaffeetisch setzen will.

Da kann man nichts machen, denkt Paule. Andreas kriegt auch nur zum Geburtstag was.

»Nun spann doch das Kind nicht so auf die Folter, Wilhelm«, sagt Oma und nimmt die Ulla auf den Arm. »Nun gib dem Paule doch endlich sein Geschenk!«

»Geschenk?«, sagt Opa. »Ja, wenn ich mich da man traue!« Und er sieht Mama schief von der Seite an. »Ich will ja keinen Krach mit deiner Mama kriegen, Paule, vor allem, weil es in diesem Jahr was Lebendiges ist!«

Paule merkt, wie etwas in seinem Bauch durcheinandergeht und wie seine Beine ganz wackelig werden. Etwas Lebendiges! Das kann ja nur ein Hund sein! Paule kriegt endlich einen Hund!

»Tja, dann«, sagt Opa und macht die Haustür noch einmal auf.

Draußen steht eine Kiste mit Luftlöchern. Sie ist nicht besonders groß, findet Paule. Ein Schäferhund ist es schon mal nicht oder einer von diesen irischen Hirtenhunden, die im Gesicht genauso viel Fell haben wie am Po. Vielleicht ein Dackel, aber auch da höchstens ein Baby. Ein

ziemlich kleines Hundebaby, denkt Paule. Aber das kann
ja noch größer werden.

»Sie heißt Luise«, sagt Opa und hilft Paule die Kiste auf-
zumachen. »Eine wahre Schönheit, du wirst schon sehen.«

Luise ist wirklich schön. Sie ist weiß und braun und ums
Gesicht herum stehen die Haare wie ein weißer Kranz.
Aber ein Hund ist Luise nicht. Luise ist ein Meerschwein-
chen.

»Ach«, sagt Paule. Einen
Augenblick lang kann er sich
gar nicht freuen. Er muss
schlucken, so enttäuscht
ist er. Aber dann knabbert
Luise an dem Salatblatt,
das in der Kiste liegt, und sie
hat dabei so glänzende Augen
und hält ihre Vorderpfoten so putzig,

dass Paule sie doch unbedingt behalten will. Es kann
eben nicht alles Lebendige ein Hund sein.

»Ist sie nicht ein tolles Weib?«, fragt Opa, und Oma schüttelt den Kopf, wie sie es immer tut, wenn Opa etwas Ver-
kehrtes gesagt hat.

»Du liebe Zeit«, sagt Mama. »Das hat uns gerade noch
gefehlt.«

»Gack, gack, gack!«, schreit die Ulla und schmeißt sich
fast von Omas Arm, weil sie Luise anfassen will.

Paule schiebt Ulla weg und streicht Luise ganz vorsichtig
über den Rücken.

»Na, Luise?«, sagt er ganz leise. »Na, alte Luise?«

Und Luise hat auch gar keine Angst. Sie sieht sogar richtig zufrieden aus.

Es ist wie mit der Ulla, denkt Paule. Zuerst denkt man,

man kriegt einen Bruder, und dann ist es nur die Ulla. Aber dann mag man sie plötzlich doch und will sie gar nicht wieder hergeben. Und wenn man denkt, man kriegt einen Hund, ist es ein Meerschweinchen, und das findet man dann trotzdem nett.

Er hebt Luise ganz vorsichtig aus ihrer Schachtel und nimmt sie auf den Arm.

»Denk mal, Luise«, sagt Paule und versucht, sie richtig gut festzuhalten, weil Luise so fürchterlich zappelt. »Jetzt haben wir beide am selben Tag Ankunftstag.« Dann setzt er sie wieder in ihre Schachtel.

»Aber dass das mal klar ist, Luise«, sagt Paule und guckt zu Mama rüber, die gar nicht so glücklich aussieht. »Geschenke gibt's da nicht. Überhaupt nie.«